Publications de l'INFORMATEUR PARLEMENTAIRE

LES CONDITIONS DU TRAVAIL

En France, Par M. Émile BENDER, Député
Rapporteur du Budget du Ministère du Travail

Aux États-Unis, Par M. G. LECHARTIER

Quelques Considérations de M. Walter BERRY
Président de la Chambre de Commerce Américaine à Paris

En Angleterre, Par M. VILLARS

Lettre-Préface de Lord ASKWITH
à M. VILLARS

Préface de M. Raoul PÉRET,

DÉPUTÉ, ANCIEN MINISTRE
Président de la Commission du Budget de la Chambre des Députés

---

PRIX : 3 FRANCS

PARIS
Publications de l'INFORMATEUR PARLEMENTAIRE
12, Rue de la Grange-Batelière, 12

1919

LIBRAIRIE FÉLIX ALCAN

EXTRAIT DU CATALOGUE

ANDRÉADES (A.), professeur à l'Université d'Athènes. **Les finances de la Grèce**, 1 brochure in-8.................. **1 fr.**

BOUSSENOT (Georges), député. — **La France d'outre-mer participe à la guerre**, 1 brochure in-8.................. **2 fr.**

HUBERT (Lucien), sénateur, **L'effort brisé**, *la situation économique de l'Allemagne à la veille de la guerre*, 1 broch. in-8, 2ᵉ édition .... **1 fr. 25**

LANDRY (A.), député, et NOGARO, professeur à la faculté de droit de Caen, **La crise des finances publiques en France, en Angleterre et en Allemagne**, 1 vol. in-16...... **3 fr. 50**

LAVERGNE (Bernard). — **L'Union commerciale des Alliés après la guerre**, 1 brochure in-8.................. **1 fr. 50**

LEFEUVRE MÉAULLE, consul général, attaché commercial en Orient. **La Grèce économique et financière**, préface de M. Paul Deschanel, de l'Académie française, 1 vol. in-16 **3 fr. 50**

LÉMONON, **L'Italie économique et sociale**, 1 vol. in-8. **7 fr.**

PÉRET (Raoul), ancien ministre du commerce, **La puissance et le déclin économiques de l'Allemagne**, 1 broch. in-8 **0,60**

ROUSSEAU (A.). — **L'action des Alliés sur les mers**, 1 brochure in-8.................. **1 fr.**

— **Sous-Marins et Blocus**, 1 brochure in-8...... **2 fr.**

— **Quarante-deux semaines de guerre sous-marine**, 1 brochure in-8 avec 4 graphiques.................. **2 fr.**

VIALLATE (Ach.), **L'Industrie américaine**, 1 vol. in-8. **10 fr.**

Les grandes industries françaises, par MM. R. Pinot, E. Eschwege, L. Legouez, H. de Peyerimhoff, 1 vol. in-16. **4 fr.**

Les zones franches et l'exportation française, *documents et arguments réunis* par la Chambre de Commerce de Marseille, 1 vol. 16.................. **3 fr. 50**

Conférences de la Société des Anciens Élèves et Élèves de l'Ecole libre des sciences politiques :

Les forces productives de la France (*agriculture, industrie, marine, commerce, colonisation*), par MM. P. Baudin, P. Leroy-Beaulieu, A. Millerand, E. Roume, J. Thierry, E. Allix, J.-G. Charpentier, de Peyerimoff, P. de Rousiers, Daniel Zolla, 1909, 1 vol. in-16 .... **3 fr. 50**

La Politique budgétaire en Europe. *Les tendances actuelles*, par MM. Emile Loubet, S. A. Hussein Hilmi Pacha, André Lebon, Georges Blondel, Raphael-Georges Lévy, A. Raffalovitch, Charles Laurent, Charles Picot, Henri Gans, 1910, 1 vol. in-16 .... **3 fr. 50**

Les grands marchés financiers (*France, Londres, Berlin, New York*), par MM. Paul Deschanel, J. Buffet, P. Cambon, P. Beauregard, Raphael-Georges Lévy, A. Aupetit, Brocard, J. Armagnac, G. Delamotte, G. Aubert, 1912, 1 vol. in-16. **3 fr. 50**

Intérêts économiques et rapports internationaux à la veille de la guerre, par MM. F. Chapsal, A. Millerand, F. Guillain, P. Delombre, A. Marvaud, H. de Peyerimhoff, Pierre Guérin, Ch. de Lasteyrie, 1 vol. in-16 .... **3 fr. 50**

Publications de l'INFORMATEUR PARLEMENTAIRE

LES CONDITIONS DU TRAVAIL

En France, Par M. Émile BENDER, Député
Rapporteur du Budget du Ministère du Travail

Aux États-Unis, Par M. G. LECHARTIER

En Angleterre, Par M. VILLARS

Préface de M. Raoul PÉRET,
DÉPUTÉ, ANCIEN MINISTRE
Président de la Commission du Budget de la Chambre des Députés

Quelques Considérations de M. Walter BERRY
Président de la Chambre de Commerce Américaine à Paris

LETTRE DE LORD ASKWITH

PRIX : 3 FRANCS

PARIS
Publications de l'INFORMATEUR PARLEMENTAIRE
12, Rue de la Grange-Batelière, 12

1919

PRÉFACE

En France, les salariés, en grande majorité, se sont jusqu'ici dressés en adversaires du capital, sous l'empire de cette idée que la disparition de ce qu'ils appellent le régime capitaliste est la condition nécessaire du bonheur des travailleurs. C'est un fait et c'est une thèse, qui pourraient avoir des conséquences désastreuses pour notre pays. Nous sommes vainqueurs, sans doute ; mais, économiquement, la guerre nous laisse singulièrement affaiblis : ceux qui ont vu les ruines industrielles du Nord et de l'Est savent ce qu'il faudra d'années, d'argent, de persévérance pour la reconstitution.

Or, dès qu'un conflit s'élève entre employeurs et employés, la cessation du travail apparaît comme le seul moyen capable de le résoudre. Au lieu de continuer à produire tandis que les conversations se poursuivent entre les deux parties, les travailleurs arrêtent les machines, posent leurs outils, quittent l'usine ou l'atelier : on se met en grève.

Disons le nettement : si la grève n'était qu'un procédé désespéré pour réduire l'intransigeance égoïste de certains patrons, d'ailleurs moins nombreux qu'on ne cherche à le faire croire, elle serait excusable. Il y a des abus de puissance contre lesquels il est permis de se révolter. Mais, qui oserait nier que dans beaucoup de cas, les grévistes ont une arrière-pensée politique ; du développement des mouvements ouvriers contre le patronat ils attendent la destruction du capital, ou, pour parler un langage moins révolutionnaire, la socialisation des moyens de production.

Et après ? Quiconque observe et réfléchit ne peut pas ne pas constater que, depuis l'origine des temps, l'homme n'a vécu et peiné que pour acquérir et posséder, que tout son effort, l'effort de tout son être tend à conserver, puis à accroître ce qu'il possède. Et toutes les théories sociales n'y changeront rien ; lorsque, par la force brutale ou un changement de législation, une classe de citoyens aura, par hypothèse, supprimé le capital et la propriété, le lendemain nous assisterons à des luttes aussi vives pour refaire le capital et la propriété, parce qu'il n'est pas sérieusement soutenable que dans une nation parvenue à un degré de civilisation aussi élevé que la nôtre, on aboutisse à un régime économique et social qui ne permettrait pas à l'individu donnant un effort supérieur de labeur ou d'intelligence, qui touche parfois au génie, de s'approprier et de garder pour lui seul le fruit de cet effort.

La vérité, féconde et saine, elle est dans d'autres formules. Le travailleur doit chercher à accéder au capital et, s'il ne le peut ou ne le veut, il doit favoriser la production, au lieu de l'entraver, afin de profiter, par des améliorations de salaire et de bien-être, de cette production accrue.

Pour parvenir à ce but, la collaboration des deux éléments qui concourent à la formation de la richesse, il va sans dire qu'il faut des moyens appropriés et que, à la base, doit se placer le respect absolu des contrats librement consentis.

A cet égard, pendant la guerre, un grand pas a été fait, qui marque un large et réconfortant progrès, dans trois pays qui furent alliés ou associés durant les cinq dernières années que nous venons de vivre. Ce sont les étapes de ce progrès que nous retracent en trois substantielles études M. Emile Bender pour la France, M. Paul Villars pour l'Angleterre et M. Lechartier pour les Etats-Unis.

Il a bien fallu se rendre compte, en face de l'âpre

concurrence, que toutes les revendications ouvrières ne sont que paroles creuses s'il n'y a progression dans l'essor économique, et les dirigeants des organisations syndicales qui ne sont pas aveuglés par la haine des patrons ou un étroit esprit de parti ont été obligés de le proclamer.

Force sera donc de s'entendre, d'élaborer des conventions réglant les conditions du travail.. A défaut d'accord entre l'employeur et l'employé, l'industrie nationale marchera rapidement à la ruine, et ce n'est pas cela qui diminuera le coût de la vie.

Il semble bien que nous nous acheminions vers cette entente si désirable.

En 1918, le président Wilson donne au War Labor Board qu'il vient de créer des pouvoirs étendus pour le règlement des différends entre le capital et le travail, et il déclare qu'après avoir été sévère pour des employeurs qui n'ont pas voulu se soumettre à la médiation du Board il ne le sera pas moins pour des employés « qui seraient sans parole, ni conscience ».

En Angleterre, le rapport Whitley propose l'établissement de conseils composés de représentants des ouvriers et de représentants d'employeurs, et le 27 février 1919 une Conférence industrielle, réunie à Westminster, posait les assises d'une sorte de parlement industriel qui a le triple objet de sauvegarder les intérêts des employeurs, ceux des travailleurs et ceux de l'Etat.

Les lois françaises du 25 mars 1919 sur les conventions collectives de travail, du 26 avril 1917 sur les sociétés anonymes à participation ouvrière répondent à des préoccupations du même ordre.

M. Emile Bender observe très judicieusement que l'augmentation des salaires seule ne conduit à rien de profitable et de durable pour le salarié, lorsque les marchandises se raréfient faute de production ou de moyens de transport.

Hélas ! trop souvent, en effet, la masse des ouvriers se bute à cette idée que les taux des salaires doivent aller indéfiniment en augmentant, sans qu'il y ait à tenir compte des conditions d'approvisionnement et de la hausse du prix des matières premières. Si les travailleurs continuaient à croire qu'ils ont le droit d'exiger, parce qu'ils sont les plus forts, et s'ils ne voulaient pas se soumettre à la discussion préalable que suppose tout accord conclu de bonne foi, ils ne seraient pas aptes à comprendre le régime nouveau que s'efforcent d'instaurer dans les trois plus grands pays du monde des hommes qui ont le sens profond des nécessités de l'heure présente et qui pensent que la guerre terminée entre les peuples ne doit pas renaître entre ceux qui contribuent également à former la richesse publique.

Souhaitons donc qu'un large et vivifiant souffle de raison passe maintenant sur le monde et détruise partout les germes de discorde.

Raoul PERET,
DÉPUTÉ
Ancien Ministre,
Président de la Commission du budget
de la Chambre des Députés.

Les Conditions du Travail en France

PENDANT LA GUERRE

Le bouleversement social produit par l'agression allemande, la mobilisation de tous les hommes valides devaient entraîner une répercussion profonde sur les conditions du travail dons notre pays, dont l'existence était si directement menacée.

La nécessité d'intensifier les fabrications indispensables à la défense nationale et au ravitaillement des armées et de la population civile, tandis que la main-d'œuvre manquait, obligeait les pouvoirs publics à abandonner, dans une certaine mesure, l'application des lois protectrices du travail.

Il fallut recourir aux bras des faibles, des femmes, des enfants, des personne âgées à qui la loi doit plus spécialement son appui. On suspendit les effets de la législation ouvrière pour les conditions de travail, de salaire et d'hygiène.

Mais la guerre, en se prolongeant, ne devait pas tarder à faire apparaître certains abus et à faire sentir la nécessité de revenir sur un régime exceptionnel et essentiellement transitoire.

Les conditions nouvelles de l'existence, la diminution du pouvoir d'achat de l'argent et la hausse des prix, les souffrances endurées, la fatigue devaient conduire à rechercher des palliatifs et à trouver les solutions appropriées qui s'imposaient avec une force chaque jour accrue. Les réglementations protectrices nécessaires d'avant-guerre allaient reprendre toute leur vigueur et bientôt étendre leur domaine.

En fait, après deux années d'atonie et depuis juin 1916, les salaires ont été augmentés, les conditions du travail améliorées sur des points importants. Par la suite, une des conséquences de la guerre, et celle-là heureuse, aura été d'accélérer en France l'adoption de grandes réformes sociales.

***

Paralysie des dispositions protectrices du travail

Aucun acte législatif, aucun décret n'est intervenu, au début des hostilités, pour suspendre les dispositions légales et réglementaires protectrices du travail. Le ministère du Travail et plus tard, lorsqu'il fut créé, le sous-secrétariat d'Etat de l'artillerie et des munitions ont seulement accordé, au moyen de circulaires, des dérogations et des tolérances, en considération des besoins impérieux de la défense nationale.

Une circulaire du ministre du travail, en date du 2 août 1914, permettait aux inspecteurs divisionnaires du travail d'autoriser directement, sans en référer au ministre, les heures supplémentaires prévues par les décrets du 28 mars 1902 et du 30 juin 1913 (4 heures de travail supplémentaire pour les travaux intéressant la défense nationale).

En ce qui concerne les mines, une circulaire télégraphique du 2 août 1914 avait avisé les préfets que, vu la pénurie du combustible, ils étaient autorisés, jusqu'à nouvel ordre, par délégation spéciale, à accorder aux exploitations minières, les dérogations exceptionnelles prévues par l'article 12 b. du Livre II du Code du Travail.

Une autre circulaire du 14 août 1914 était adressée aux inspecteurs divisionnaires du travail. Elle leur recommandait de contribuer à maintenir la plus grande intensité possible à l'activité nationale, de rechercher les établissements industriels et commerciaux qui pourraient continuer à fonctionner en employant des adolescents, des femmes et des hommes âgés en remplacement des hommes mobilisés. Le ministre du travail s'exprimait ainsi : « En matière d'application des lois réglementant le travail, la plus large tolérance doit être partout accordée pour favoriser la production nationale. Des procès-verbaux ne devraient être dressés qu'après avertissement et dans le cas exceptionnel où un chef d'établissement continuerait, malgré l'avertissement, des pratiques susceptibles de compromettre la santé du personnel. »

En exécution de ces instructions, les inspecteurs du travail autorisaient verbalement les industriels à déroger aux prescriptions légales.

L'étendue de ces dérogations a varié suivant les circonstances, notamment suivant l'urgence des travaux et la facilité plus ou moins grande de recrutement d'un personnel ouvrier supplémentaire. Ces tolérances ont surtout été autorisées dans les établissements fabriquant des munitions.

En même temps, le ministre du travail intervint pour empêcher qu'il ne soit fait abus des dérogations et pour leur donner des limites précises.

Dès le 22 août 1914, le ministre du travail invitait, par une circulaire, les inspecteurs du travail à ne pas accepter les dérogations concernant la durée du travail dans les établissements autour desquels sévissait un chômage intense et pour lesquels il était possible d'embaucher de la main-d'œuvre supplémentaire, à rechercher si cet embauchage supplémentaire ne permettrait pas d'éviter ces dérogations. Une circulaire du 14 novembre 1914 prescrit de procéder à des tarifications au sujet des salaires payés par les entrepreneurs travaillant pour la guerre, alors qu'ils touchaient un prix très rémunérateur.

Les premières interventions, marquant le retour aux règles ordinaires de la protection du travail et restreignant la portée des dérogations précédemment admises, devaient se produire à l'occasion du travail féminin. Il allait se développer tout spécialement à la suite de la mobilisation des hommes.

Les femmes au travail

Il est nécessaire et juste de rappeler ici la part consi dérable prise par les femmes à la défense nationale, et d'insister sur l'appoint important qu'elles ont apporté à la résistance victorieuse de notre pays.

Dans les établissements visités par les inspecteurs du travail, le rapprochement de deux chiffres permettra d'apprécier l'importance prise par la main-d'œuvre féminine : D'août 1914 à juillet 1918, l'effectif masculin passait de 31 p 100 à 84 p. 100 et l'effectif féminin de 39 p. 100 à 117 p. 100. D'autre part, et spécialement dans les établissements travaillant pour l'artillerie et les munitions, si l'on ramène à 100 le nombre des ouvrières occupées en janvier 1916, on constate que ce chiffre atteignait 361 en janvier 1918.

Chose curieuse, la guerre a complètement modifié la répartition du travail féminin dans les différents groupes d'industrie. Ceux qui semblent plus spécifiquement féminins ont été abandonnés au profit des métiers les plus rudes. La psychologie féminine a de ces sautes imprévues.

Les femmes ont abandonné le travail des étoffes, l'alimentation, le livre, la taille des pierres précieuses, le travail des métaux fins. Elles se sont portées de préférence dans la manutention et les transports, la métallurgie, les produits chimiques et le bâtiment, où elles accouraient pour boucher les vides.

La liste de ces travaux, qui n'étaient pas exécutés en temps normal par les femmes, s'allonge chaque jour et il n'est guère actuellement d'industrie à laquelle la main-d'œuvre féminine n'ait apporté son adresse et son concours précieux. Elles exécutent, soit aux machines, soit comme manœuvres, la plupart des opérations, depuis le moment où la matière première arrive à l'usine, jusqu'à celui où elle est expédiée sous forme de produits manufacturés.

Sous l'empire des nécessités et parce que la première expérience fut encourageante, on les a employées à des travaux plus pénibles, exigeant de la force et de l'adresse et d'où elles étaient autrefois écartées. Sont seuls évités, les travaux qui excèdent manifestement leurs forces ou sont trop périlleux. Exceptionnellement elles ont exécuté les travaux professionnels réclamant une main-d'œuvre particulièrement qualifiée, comme ceux d'ajustage, la conduite d'une machine à vapeur, la soudure autogène, la composition à la linotype, le rattachage des fils dans les filatures de coton, les travaux d'usinage en série, les travaux accessoires dans les forges, briqueteries, les travaux de mégisserie et de teinturerie, les services d'étude et de laboratoire, parfois de surveillance.

D'une manière générale, alors qu'on comptait 100 femmes employées avant la guerre on en comptɐ 102 en janvier 1916, 117 en janvier 1917, 128 en janvier 1918. Une diminution s'accuse à partir de juillet 1918 : 119, et en janvier 1919, 109. A cette époque, il y a dans l'ensemble de la France 4,6 0/0 de femmes en plus par rapport à l'avant-guerre.

Un heureux résultat de l'emploi des femmes a été d'obliger les industriels, pour les mettre à même de remplacer les hommes, à modifier et à améliorer leurs méthodes d'exploitation. Ils ont divisé le travail à l'extrême, organisé la production en série, réalisé certains dispositifs de manutention et de machines-outils, aménagé des crèches et des garderies.

Beaucoup ont pu constater que les femmes sont souvent plus courageuses, plus attentives et, pour certaines opérations, plus habiles que les hommes. Cependant leur assiduité est moindre et leurs absences plus fréquentes. Il ne faut pas leur imposer des efforts, mais des mouvements, leur organisme étant moins résistant. Pour le nettoyage, le rangement de l'atelier, la femme retrouve naturellement, toute sa supériorité.

Le recrutement a été assuré par l'appât des salaires élevés, la nécessité de faire face au coût de la vie et l'état de chômage de certaines industries. Dès que les maris mobilisés ont réintégré leur foyer, on a vu, fort heureusement, un certain nombre de femmes abandonner les travaux industriels pour se consacrer, comme avant la guerre, aux soins du ménage. Des réfugiées s'apprêtent à regagner leur village.

De cette grandiose et cruelle expérience de cinq années, on retiendra que rien n'avait préparé les femmes aux travaux de l'usine. Bien que, avant la guerre, beaucoup d'entre elles fussent occupées dans l'imprimerie, la filature et le tissage, l'immense majorité n'avait aucune formation pour remplacer les hommes.

Elles se sont mises courageusement à l'ouvrage. Du fait du meilleur équipement des machines, des modifications ou simplifications apportées au travail, de leur amour-propre bien placé et de leur courage, elles sont bientôt devenues de bonnes ouvrières. Dans les travaux de manutention, elles montrent de l'habileté, de l'énergie et souvent plus d'à-propos qu'un homme.

***

L'importance accrue de l'emploi dans l'industrie de la main-d'œuvre féminine nécessitait, à mesure que les fabrications de guerre se régularisaient, la restriction, dans des limites plus étroites, de la portée des dérogations aux lois protectrices.

Une loi du 10 juillet 1915 intervint pour garantir un *minimum de salaire* fixé, dans chaque département, par les conseils du travail paritaires, aux ouvrières de l'industrie du vêtement travaillant à domicile. Le conseil constate le taux du salaire quotidien moyen, habituellement payé dans la région aux ouvrières d'habileté moyenne travaillant en atelier.

En ce qui concerne l'application de la loi du 10 juillet 1915, les résultats statistiques montrent bien qu'elle entre progressivement dans les mœurs. Alors qu'en 1916, 5,576 fabricants, commissionnaires ou intermédiaires étaient soumis à la loi du 10 juillet 1915, ce nombre atteint, en 1917, 6,455. De même, le nombre des ouvrières occupées par les différents établissements, qui, en 1916, était de 208,000 environ, a dépassé en 1917 215,000. Néanmoins, le nombre des contraventions relevées pour infractions à la loi du 10 juillet 1915 a très nettement diminué.

Une autre loi du 11 janvier 1917 intervint pour assurer le *repos de l'après-midi du samedi* pour les femmes dans l'industrie du vêtement. Le législateur laisse aux deux groupes d'intéressés, employeurs et salariés, le soin d'établir les modalités de réalisation.

Ce sont des règlements d'administration publique qui « détermineront par profession, par industrie, par commerce ou par catégorie professionnelle, pour l'ensemble du territoire ou pour une région, les conditions et délais d'application. »

Ces règlements seront pris soit d'office, soit à la demande d'une ou de plusieurs organisations patronales ou ouvrières, nationales ou régionales intéressées. Dans l'un et l'autre cas, les organisations patronales et ouvrières intéressées devront être consultées et donner leur avis dans le délai d'un mois. Même procédure pour la revision de ces règlements. Enfin, ces règlements devront se référer, dans le cas ou il en existera, aux accords intervenus entre les organisations patronales et ouvrières, nationales ou régionales intéressées.

L'allaitement maternel fut encouragé et facilité par la loi du 5 août 1917. Elle édictait les dispositions nécessaires à cet effet, en accordant à l'ouvrière, pendant un an à dater de la naissance de l'enfant, une heure par jour, durant les heures de travail, pour allaiter. Les chefs d'établissements occupant plus de cent femmes de plus de 15 ans peuvent être mis en demeure d'installer dans leurs établissements des chambres d'allaitement.

En ce qui touche *l'hygiène des femmes employées dans les usines* travaillant pour la défense nationale, le ministre du travail, par plusieurs circulaires, attira l'attention du service de l'inspection sur les améliorations qu'il était possible, conformément d'ailleurs aux vœux du Comité du travail féminin, de demander ou de conseiller aux industriels travaillant pour la défense nationale. Il visait notamment l'installation de vestiaires, lavabos, bains, douches, de cabinets d'aisances spécialement réservés aux femmes, la fourniture et l'entretien de vêtements de travail ; l'aménagement de salles de repos, réfectoires, crèches ou salles d'allaitement, etc. (cir. du 7 juin, 25 septembre 1916).

En ce qui touche le *travail de nuit* des femmes, le ministre du travail, d'accord avec le sous-secrétaire d'Etat de l'artillerie et des munitions (circulaires du 19 juin et 18 juillet 1916), donnait comme instructions aux inspecteurs du travail d'inviter les industriels usant de dérogations de cette nature à se renfermer dans les limites faisant l'objet d'un vœu du Comité du travail féminin, savoir :

L'emploi des jeunes ouvrières de moins de 18 ans au travail de nuit sera interdit ; l'emploi des ouvrières de 18 à 21 ans au travail de nuit ne sera toléré qu'à titre exceptionnel et d'une façon temporaire ; la durée effective du travail de nuit ne devra pas dépasser 10 heures ; le travail sera coupé par des repos, etc.

Les revéndication des ouvriers à partir de 1916.

Pendant les deux premières années de la guerre, les revendications ouvrières s'étaient tues par la volonté même des ouvriers attachés à la grandeur de leur tâche. Ils avaient supporté sans se plaindre les atteintes aux droits qu'ils tenaient de la législation du travail. Au début des hostilités, et sur les indications des autorités militaires, l'urgence de la production avait conduit les industriels à prolonger jusqu'aux limites extrêmes la durée du labeur quotidien. D'octobre 1914 à juin 1915, la plupart des usines travaillaient douze heures par jour. La surproduction quotidienne fut, pendant cinq ou six mois, égale à deux dixièmes environ de la production normale d'une journée de dix heures d'avant-guerre.

Il faut aussi se rappeler quelles étaient les conditions économiques subies par notre pays. Un chômage intense avait suivi immédiatement l'ouverture de l'état de guerre.

Pendant une première période qui s'étend d'octobre 1914 à la fin de l'année 1915, de nombreux établissements sont fermés, les dirigeants sont mobilisés, les fabrications se transforment. La *crise de chômage* est généralisée par suite de l'arrêt partiel ou total d'un grand nombre d'entreprises. Les ministres du travail et de l'intérieur doivent créer un *office central de placement* en octobre 1914, puis des offices départementaux.

Dans une seconde période qui débute avec l'année 1916, ia vie économique reprend son cours. Elle s'accélère par le développement des productions de guerre. Les usines existantes s'agrandissent ; on en crée de nouvelles et chaque jour accuse l'importance des besoins de main-d'œuvre.

La situation du marché du travail est donc complètement changée en 1916. Désormais la *crise de la main-d'œuvre* aura succédé à la période de chômage.

La prolongation de la guerre faisait apparaître les inconvénients graves que présentait la pratique continue de certaines tolérances relativement aux conditions du travail.

Dans ces conjonctures nouvelles et à partir du milieu de l'année 1916, les réclamations ouvrières allaient aboutir successivement à la hausse des salaires, à la diminution de la journée de travail, à une collaboration plus active de la classe laborieuse à la fixation des conditions de travail. Ainsi que le disait le sous-secrétaire d'État à l'armement et aux munitions dans sa circulaire du 15 juin 1915 « l'expérience du temps de guerre n'a fait que démontrer la nécessité technique, économique et physiologique des lois ouvrières. Peu à peu les réclamations des travailleurs se sont fait entendre, justifiées notamment par les difficultés dans les milieux surpeuplés. La nourriture et l'habillement subissaient une hausse qui ne laissait pas que de devenir sensible ».

Et par suite, en matière d'hygiène et de sécurité par exemple, les tolérences s'étaient trouvées justifiées notamment par les difficultés que rencontraient les industriels dans les circonstances du moment, à trouver la main-d'œuvre et les matériaux nécessaires pour l'exécution des aménagements exigés par les règlements. A la fin de 1916, les inspecteurs du travail furent invités à poursuivre directement, sans en référer à l'administration supérieure, l'application des prescriptions concernant l'hygiène et la salubrité des locaux, l'installation des vestiaires et des lavabos.

En ce qui touche le *repos hebdomadaire*, par une circulaire du 20 juillet 1917, le ministère du travail signalait au service de l'inspection du travail que le ministère de l'armement avait estimé possible de faire bénéficier désormais les ouvriers de guerre du repos hebdomadaire.

Pour les salaires, le sous-secrétaire d'Etat de l'artillerie et des munitions ne manqua pas de rappeler que les entrepreneurs travaillant pour la défense nationale étaient assez rémunérés pour pouvoir les payer normalement. S'appuyant sur les décrets du 10 août 1899, il rappelait aux entrepreneurs leur devoir de se conformer aux prescriptions du cahier des charges qui les engageait à payer un salaire normal, égal pour chaque profession, et dans chaque profession, pour chaque catégorie, aux taux couramment appliqués dans la ville ou la région où le travail est exécuté.

**

La hausse des salaires.

Au milieu de l'année 1916, les aspirations ouvrières se résument en une double tendance : *augmentation des salaires, diminution de la journée de travail.*

La politique de la hausse des salaires, telle qu'on la pratiqua à ce moment, fut une erreur économique, aperçue dès le début par des hommes clairvoyants qui n'étaient pas tous des bourgeois. En juin 1916, les prix n'avaient pas encore atteint le niveau que nous devions connaître par la suite en 1918 et en 1919. Si l'on s'en réfère aux indications fournies par les conseils de prud'hommes et les inspecteurs du travail, le prix moyen de la pension par mois était, avant la guerre, de

70 fr. ; il passe à 99 fr. dans le 4e trimestre de 1916. L'indice du prix des denrées en général passe de 1,014 à 1.466.

Nous avons vu qu'il n'y avait pas de chômage ; l'offre du travail était considérable dans les usines de guerre. Les femmes recevaient les allocations militaires. Le salaire familial était plus important, du fait que les enfants, les femmes et les vieillards trouvaient à s'employer.

Le coût de la vie allait s'élever en proportion de l'accroissement des salaires. Il aurait mieux valu s'attacher tout d'abord aux problèmes de la production, de l'économie, de la restriction, pour combattre l'inflation des prix.

Sans doute, la hausse des salaires était la solution la plus simple qui se présentait à l'esprit pour résoudre les difficultés de l'existence qui commençaient à se faire sentir. « L'intérêt bien compris de l'industrie nationale, disaient alors les représentants des syndicats ouvriers, est d'avoir comme cliente une classe ouvrière à hauts salaires, à meilleures conditions de travail, à capacité de consommation augmentée. »

Mais on ne tarda pas à se rendre compte que l'augmentation des salaires seule ne conduit à rien de profitable et de durable pour le salarié, alors que les marchandises se raréfient faute de production ou de moyens de transport.

Tout le salaire passe en achats immédiats, car le plus souvent on ne met rien en réserve. Les commerçants de détail sont incités à faire de leur côté la hausse immédiate ; ils absorbent, et au delà, l'accroissement de rémunération péniblement obtenue. De part et d'autre la hausse et les enchères sont indéfinies. En outre, la production devient plus chère, le danger de la concurrence étrangère s'affirme, les exportations deviennent impossibles et le change s'en ressent pour les achats nécessaires au dehors. Ainsi chaque jour découvre le mirage, éloigne davantage le but poursuivi, et l'on constate avec désespoir que le pouvoir d'achat de l'argent, toujours plus répandu, s'affaiblit.

La journée de 8 heures.

En même temps que l'élévation des salaires on réclamait, avons-nous dit, la diminution de la journée de travail.

Il est curieux de constater qu'en 1916 les organisations ouvrières ne demandaient pas la journée de 8 heures. En juillet se tint à Leeds une conférence internationale de travailleurs anglais, français, belges et italiens. Elle examina les clauses générales ouvrières à faire insérer dans le traité de paix. Voici les conclusions de cette conférence, relatives à la limitation du temps de travail :

« La journée de travail ne doit pas avoir une durée de plus de dix heures pour les travailleurs. Cette durée est réduite un maximum de huit heures dans les mines, les usines à feu continu et les industries insalubres. »

Pour assurer la défense de ces pays en guerre, leurs représentants ouvriers abandonnaient donc à ce moment la revendication des trois 8. Ils envisageaient, pour le traité de paix, le maximum de 10 heures pour les travailleurs adultes, la journée de 8 heures étant maintenue pour les travaux exceptionnellement pénibles.

Plus tard seulement, on devait revenir à la journée de 8 heures, sous l'influence de Gompers, lorsqu'il parcourut les pays alliés d'Europe. Dans les réunions corporatives, il se prononçait hardiment pour la guerre jusqu'à la victoire, jusqu'à la destruction du militarisme allemand. Par contre, il préconisait dans ses déclarations la journée de 8 heures déjà adoptée aux Etats-Unis, en particulier dans les chemins de fer et dans les établissements de l'Etat.

Cette revendication devait obtenir satisfaction par notre loi du 23 avril 1919 qui introduisait la journée de 8 heures, soit 48 heures par semaine, dans les établissements industriels et commerciaux et dans leurs dépendances, sans diminution de salaire. Elle avait été élaborée après entente entre le gouvernement et les représentants des patrons et ceux des ouvriers. Cette collaboration doit persister en vue de l'adaptation de la loi à chaque industrie, les règlements devant se référer à des conventions entre parties.

En même temps que les représentants patronaux ont déclaré accepter la mise en application de la journée de 8 heures de travail effectif, les représentants ouvriers ont affirmé de leur côté « qu'il entrait bien dans l'esprit des organisations ouvrières que les travailleurs devront sympathiquement s'adapter au développement du machinisme et aux méthodes rationnelles de travail pour que la production retrouve rapidement un équilibre indispensable au bien-être du pays ».

La situation consacrée par la loi nouvelle correspond bien aux déclarations faites, notamment en 1918, par Jouhaux, secrétaire de la Confédération Générale du Travail, pour qui les leçons de l'état de guerre n'ont pas été perdues. Il les a souvent fait entendre dans les réunions syndicalistes.

« Quand la classe ouvrière, a-t-il écrit, réclame des conditions de vie supérieure, elle émet une théorie de progrès, puisque cette revendication ne peut devenir une réalité qu'à la condition qu'il y ait une progression dans l'essor économique.

« La classe ouvrière doit acquérir par son organisation sa capacité de direction dans la production et devenir, par ces moyens, plus consciente du rôle de pénétration sociale qui lui incombe dans l'évolution des Sociétés.

« La formule doit être pour la classe ouvrière : « Maximum de production dans le minimum de temps de présence, pour un maximum de salaires. » Pour le patronat : « Maximum de développement de l'outillage pour un maximum de rendement avec le minimum de frais généraux. »

L'importance de la loi sur la journée de 8 heures dans les établissements industriels et commerciaux nous engage à rappeler ce qui a été fait à cet égard dans les pays étrangers.

Avant la guerre, la plupart des lois étrangères qui réglementaient expressément la journée de travail, visaient exclusivement, soit certaines catégories de travailleurs, soit des industries déterminées particulièrement pénibles ou dangereuses, ou offrant un intérêt spécial pour la collectivité. Parmi celles qui prévoyaient, en faveur de tous les salariés, la limitation de la journée, certaines avaient adopté la limite de 11, 10 ou 9 heures ; aucune n'avait édicté la journée de 8 heures.

Pendant la guerre, ce dernier maximum a été fixé par un certain nombre d'Etats pour l'ensemble des ouvriers et employés sans restrictions et, par quelques autres, pour la plus grande partie des salariés. De ce nombre sont la Russie, la Finlande, les républiques d'Uruguay, de Panama, de l'Equateur, du Mexique et le territoire d'Alaska.

Aux Etats-Unis, en Suisse, l'application de principe obtenue par les organisations ouvrières a devancé l'intervention du législateur.

Depuis la cessation des hostilités, la Pologne, la république Tchéco-Slovaque, l'Allemagne, l'Autriche allemande et l'Espagne ont imité cet exemple.

En Italie, la journée de 8 heures a été introduite dans presque toutes les industries, à la suite d'accords intervenus entre organisations patronales et ouvrières. En Angleterre, la conférence industrielle a depuis peu formulé le même accord dont la réalisation semble tout à fait proche. En Suède un projet prévoit une semblable limitation.

****

Collaboration entre patrons et ouvriers.

La collaboration ouvrière et patronale a caractérisé la grande convulsion mondiale. Elle n'a pas été marquée seulement chez nous, au cours de la guerre, par l'élaboration de la loi sur la journée de 8 heures, par la mise en application de la loi sur le minimum de salaire des ouvrières du vêtement et de la loi sur la semaine anglaise. Nous devrons citer à cet égard d'autres institutions intéressantes.

Déjà on ne peut que se féliciter de ce que le législateur ait tenu à associer les groupements corporatifs à la mise en pratique de ces trois lois importantes. Elles en reçoivent une souplesse d'adaptation, une force pacificatrice profitables à toutes les parties en cause. Appelés à collaborer pour résoudre des difficultés d'ordre pratique, patrons et ouvriers devront s'apercevoir que leurs intérêts d'argent peuvent se concilier dans un sentiment d'équité et de concorde.

Autour de ces tractations sur les questions qui les divisent, les organisations patronales et ouvrières en arrivent fréquemment à discuter des questions dans lesquelles leurs intérêts ne s'opposent pas, mais correspondent, telles que la recherche de nouveaux débouchés pour leur industrie en vue de combattre le chômage, l'organisation d'écoles ou de cours d'apprentissage, la création de bureaux paritaires de placement. Le ministre du travail a reçu à de nombreuses reprises des délégations mixtes composées à la fois de représentants patronaux et de représentants ouvriers, qui sont venus l'entretenir de questions de cet ordre.

Il serait invraisemblable qu'il ne se soit pas produit de désaccords entre patrons et ouvriers dans un milieu économique aussi troublé. Il ne faut pourtant pas les exagérer. La statistique comparative des *grèves* avant la guerre et pendant celle-ci va nous permettre de fixer les idées à cet égard.

En 1913, il y avait eu 1,073 grèves intéressant 220,448 grévistes et entraînant 2,223,781 journées chômées.

En seize mois de guerre, du 31 août au 31 décembre 1915, ces chiffres ont été respectivement 116, 10,421, 55,278.

En 1916 on compte 315 grèves et 41,439 grévistes. En 1917, 787 grèves et 279,465 grévistes. En 1918, 507 et 145,822. En 1919, jusqu'au 30 juin, 1.263 et 383,442.

Quoi qu'il en soit, l'attention du gouvernement s'est spécialement portée sur les moyens d'apaiser les conflits par la recherche d'un terrain d'entente entre patrons et ouvriers.

Tout d'abord, pour les éviter, le ministre de l'armement et des fabrications de guerre instituait des *délégués du personnel ou délégués d'ateliers*. Cinq circulaires règlent la question entre février et septembre 1917. Cette institution préventive est de nature à favoriser les relations régulières entre les industriels et leur personnel et à éviter des incidents, en donnant aux ouvriers le moyen de formuler d'une façon régulière et périodique leurs réclamations, dans les établissements occupant au moins 50 personnes. Ces délégués d'ateliers sont des intermédiaires entre leurs camarades et la direction pour toutes les réclamations d'ordre général ayant trait aux conditions du travail. Les délégués, qui sont institués par ateliers et souvent dans chaque atelier par spécialités, ne doivent intervenir auprès de la direction que pour présenter les réclamations de leurs mandants. Ces règles ont été appliquées pendant près de deux ans dans de nombreux établissements portant sur des industries très différentes (les métaux, le bois, le bâtiment, etc.) et situés dans les régions les plus diverses.

Dès le début de 1917, la Confédération Générale du Travail avait fait valoir les raisons morales, sociales et techniques pour lesquelles les syndicats ouvriers étaient devenus partisans de l'institution des délégués élus par le personnel. Elle a précisé son opinion dans la conférence tenue à Clermont-Ferrand le 23 décembre 1917.

« La pratique des délégués ouvriers, dit le programme, déjà admise dans les usines de guerre, doit être généralisée, avec la condition essentielle que les délégués soient les mandataires des organisations syndicales et que leurs attributions n'empiètent pas sur l'action des syndicats.

« Leur rôle devra être élargi de façon à assurer le respect des conventions collectives, le contrôle des lois de protection ouvrière en même temps que le règlement des difficultés quotidiennes. »

Toujours dans le but de prévenir les conflits, le ministre de l'armement instituait par un décret du 17 janvier 1917 un *comité permanent de conciliation et d'arbitrage* pour régler les différends collectifs entre patrons et ouvriers. Ce comité, constitué par régions industrielles, comprenait en nombre égal au moins deux représentants des patrons et deux représentants des ouvriers, sans parler d'un représentant du Ministre de l'armement. A défaut d'accord amiable, la sentence arbitrale était obligatoire sous peine de mise en réquisition. « Il paraît inacceptable, disait le ministre, que les différends puissent être accompagnés d'une suspension de travail, soit du fait du patron, soit du fait de l'ouvrier, puisque une telle suspension, quoique limitée, a toujours pour effet de ne pas porter au maximum le rendement des usines. Il est donc légitime d'imposer dans ce cas aux deux parties, au nom de l'intérêt national, une procédure obligatoire de conciliation et d'arbitrage qui, tout en laissant aux intérêts en cause toute faculté de s'affirmer et de se défendre, assure cependant la continuité indispensable des productions de guerre. »

Avec le concours du comité permanent de conciliation et d'arbitrage, le ministre a fixé les tarifs applicables aux établissements de mécanique générale, de forge, de chaudronnerie et de construction mécanique, de tôlerie, de métallurgie, de carrosserie, aux industries aéronautiques, etc.

Les ministères du travail, de l'armement et de l'intérieur, les préfets, les fonctionnaires de l'intendance ont favorisé enfin la conclusion de *conventions intersyndicales* appelées à réglementer les conditions de travail et de salaire, par un commun accord, dans chaque profession, entre patrons et ouvriers. De plus en plus, les syndicats patronaux ont recours à ce mode de règlement. Parfois les conventions ont été signées entre les patrons ou leurs délégués et les délégués des ouvriers, sans intervention syndicale. Souvent, d'ailleurs, les uns ou les autres ne sont pas syndiqués. On a la satisfaction de constater que la plupart de ces conventions interviennent avant que le conflit ait pris la forme aiguë d'une cessation de travail.

Les *conventions collectives* concernent parfois des corporations entières et consacrent des accords nationaux pour le bâtiment, la métallurgie, le livre, le tannage et corroyage, le pétrole.

Il existe aussi de nombreux accords régionaux. De 51 en 1914, les conventions collectives passent à 135 en 1917, 257 en 1918, et 289 en 1919 jusqu'au 30 juin. L'extension considérable relevée en 1917 est due au mouvement qui s'est produit au mois de mai de cette année, en vue du relèvement des salaires dans l'industrie de la couture et de l'introduction de la semaine anglaise. Toutes les corporations ouvrières, ou peu s'en faut, apportèrent alors des cahiers de revendication réclamant généralement des primes de cherté de vie, d'indemnités pour charges de famille, la limitation des heures de travail et l'octroi du repos hebdomadaire.

Une loi du 25 mars 1919 sur les *conventions collectives de travail* aboutit à leur reconnaissance légale et au couronnement d'une jurisprudence établie depuis plus de quinze ans. Elle définit la convention collective de travail : « un contrat, relatif aux conditions du travail, conclu, soit entre un ou plusieurs groupements, soit entre un particulier et un groupement, dans le but de déterminer les conditions auxquelles doivent satisfaire les contrats de louage de travail, individuel ou d'équipe, que les personnes liées par la convention passent, soit entre elles, soit avec des tiers pour un genre de travail faisant l'objet de ladite convention. » Elle n'est valable que si elle est écrite et déposée au secrétariat du conseil des prud'hommes. Les parties contractantes ont à leur disposition le droit d'intenter une action en dommages-intérêts contre ceux qui violeraient les engagements contractés.

Le législateur s'est encore efforcé d'unir le capital et le travail dans un organisme nouveau, impliquant une intime coopération, en édictant la loi du 26 avril 1917 sur les sociétés anonymes à participation ouvrière. Elle complète l'œuvre ébauchée par la loi du 18 décembre

1015 sur les sociétés coopératives ouvrières de production et de crédit au travail. Elle institue un régime permettant aux délégués des travailleurs d'assister aux assemblées générales des actionnaires et de faire partie du conseil d'administration de la société anonyme. Les actions de travail, propriété collective du personnel salarié, sont créées. Mais ces actions, bien que ne comportant aucun versement, donnent aux ouvriers un droit d'égalité absolue dans les assemblées avec les apporteurs de capital. Les questions de distributions des dividendes, d'amortissements, d'augmentations du capital ne seront pas faciles à résoudre, aussi la forme nouvelle de solidarité sociale semble-t-elle assez peu employée.

****

Le retour aux conditions normales d'application des prescriptions protectrices du travail s'est effectué ainsi peu à peu, s'accélérant à partir de 1917. Dans une circulaire du 18 avril 1918, le ministre du travail s'exprimait ainsi : « Au fur et à mesure que la guerre se prolonge, l'expérience enseigne qu'il y a intérêt, pour la santé des ouvriers, et surtout des ouvrières, et même pour la production nationale, à revenir progressivement, notamment dans la zone de l'intérieur, à une plus stricte application des lois réglementant le travail... Vous devrez donc, en cas de constatation d'infractions aux diverses prescriptions légales ou réglementaires, et si vous estimez qu'il est possible de les faire disparaître même dans les circonstances actuelles, poursuivre fermement l'application de la loi. Ce retour progressif à l'application régulière de la réglementation doit être appuyé par un retour également progressif aux mesures normales de contrainte. Les inspecteurs devront dresser procès-verbal toutes les fois qu'ils se trouveront en présence d'abus caractérisés ou de mauvaise volonté persistante. »

Enfin, après l'armistice, on mit un terme à tout régime de tolérance. Par une circulaire du 31 décembre 1918, le ministre du travail, d'accord avec le ministre de la reconstitution industrielle, prescrivait le retour au régime normal en ce qui concerne l'application des diverses prescriptions du Code du travail aux établissements qui travaillaient pour le ministère de l'armement et des fabrications de guerre.

Mais le gouvernement et les Chambres ne se sont pas bornés à revenir purement et simplement aux prescriptions protectrices du travail. On pourra soutenir sans injustice que la période de guerre a été ainsi marquée par des réformes profondes, par des progrès importants accomplis dans le domaine de la législation ouvrière. C'est ce qu'a voulu rappeler ce rapide résumé de notre histoire du travail pendant la guerre, des relations du gouvernement, du capital et du travail.

Depuis l'armistice les causes de troubles n'ont pas disparu, bien au contraire. Ce n'est pas impunément que l'on a détruit sur toute la surface terrestre hommes, matières premières et richesses pendant cinq années. Le prix de toutes choses s'en ressent et la cherté de la vie s'élève toujours, tandis que diminue le pouvoir d'achat de la monnaie circulant par milliards.

Tout le monde sent la nécessité de reconstruire la France, de panser les blessures de la guerre, de combattre l'appauvrissement de la race humaine par un travail méthodique, par le développement des moyens mécaniques et scientifiques et par le bon aménagement de la main-d'œuvre.

Mais beaucoup ne pensent qu'à gagner le plus possible, au prix du moindre effort. Les profiteurs accélèrent leur course aux bénéfices scandaleux. Les récoltes qui s'annoncent déficitaires encouragent les spéculateurs et certains intermédiaires. Des grèves étendues ont interrompu le travail, le prix du charbon augmente et la disette de combustible risque de paralyser toutes les industries. Les souffrances de la guerre, l'organisme soumis à de trop rudes épreuves, ont amené chez un grand nombre le fléchissement des énergies. On relève une « crise de paresse » universelle.

Ainsi la tâche est lourde. L'individualisme, la dis-

persion des efforts et des bonnes volontés n'y suffi-
ront pas. Non plus, il faut le dire, le *Conseil économique* qui vient d'être créé, dont le programme et les
visées dépassent singulièrement les moyens. Composé
des représentants du gouvernement, de trois représentants des organisations patronales et de trois représentants des organisations ouvrières son programme consiste à « assurer la préparation et suivre l'exécution des mesures générales concernant le ravitaillement et l'approvisionnement des produits et denrées
de toute nature, la diminution du prix de la vie, la
répression de la spéculation, le développement de la vie
économique et la renaissance des régions libérées ».
(Décret du 16 juillet 1919.)

Force sera bien d'étendre ses attributions si l'on veut
en faire le *grand conseil national économique* réclamé
par les organisations patronales et ouvrières.

Le mouvement social est actuellement caractérisé
par le groupement des intérêts, par la poussée coopé-
rative et syndicale qui englobe de plus en plus non seulement les travailleurs manuels, mais les techniciens et
les intellectuels.

Le succès de tout programme de suractivité économique est lié à la coopération du capital et du groupement professionnel, intéressant et mêlant l'ouvrier à
la production.

A la condition que les groupements ne se renferment
pas dans la défense étroite et exclusive d'intérêts parti-
culiers souvent en conflit, qu'ils envisagent leurs
devoirs et non pas seulement leurs droits, qu'ils aient
une vue claire des efforts et des sacrifices qu'exige
la prospérité du pays, à la condition surtout de vouloir,
nous surmonterons les difficultés, nous saurons
reconstruire le patrimoine commun si amoindri par le
bouleversement le plus atroce de l'histoire.

Émile BENDER,

DÉPUTÉ DU RHONE

*Rapporteur du Budget du Ministère du Travail
et de la Prévoyance sociale.*

LES CONDITIONS DU TRAVAIL
Aux États-Unis

QUELQUES CONSIDÉRATIONS GÉNÉRALES
de M. WALTER BERRY
Président de la Chambre de Commerce américaine de Paris.

Chaque nation a son côté faible. En Amérique nous avons, certes, négligé quelque peu le côté du progrès intellectuel artistique ; nous n'avons pas suffisamment amplifié nos humanités. C'est le propre des pays jeunes.

D'autre part, peut-être que l'erreur de la France, depuis la dernière guerre, a été de se leurrer du mirage des lois sociales, tout en négligeant les lois de l'association et de la production.

Ce qui fait la grandeur économique des États-Unis, c'est l'association des individus, c'est la coopération des classes, la collaboration du travailliste et du capitaliste, c'est la solidarité au lieu du socialisme destructif.

Nous avons vite appris, là-bas, la grande loi économique : que la prospérité est basée sur la production, que la production active fait le salaire élevé et, par conséquent, le bien-être et l'aisance de l'ouvrier. Pour accroître l'intensité de la vie économique, ces groupements d'intérêts, cette fusion des classes sont indispensables. En Amérique, le pays du "self made man", cette solidarité existe et il en résulte une absence à peu près complète de caste. Dans le Trust de l'Acier, peut-être la plus grande société qui existe, jamais le fils n'a succédé au père comme Président. Au contraire, le Président a toujours débuté comme ouvrier, comme petit apprenti, au bas de l'échelle, montant de grade en grade par ses propres efforts. C'est comme simples ouvriers, avec une paye de quelques dollars par semaine, que la plupart de nos millionnaires ont commencé leur carrière. Dans certains pays, le travailliste veut détruire le capitaliste; aux États-Unis, le travailliste veut devenir capitaliste. Et il le devient !

Où le bien-être du travailliste est-il plus large? Aux États-Unis ou dans ce malheureux pays que l'on pourrait appeler aujourd'hui la Bolchevie?

S'il n'y a pas un milieu entre le militarisme et le bolchevisme, le socialisme destructif, mieux vaut que le monde croule tout de suite !

Pénétrés du sens des réalités, les Français conserveront pour la Paix l'énergie qu'ils ont magnifiquement démontrée pendant la guerre; ils réaliseront avec une plus large compréhension cette association, cette union pour accroître la production, car il faut que la France reste non seulement ce qu'elle a toujours été, ce que son vieil historien du XVIIe siècle, Lescarbot, appelle "Lumière et Civilité des Nations", mais il faut qu'elle devienne également un exemple de la plus éclatante prospérité matérielle parmi les plus grandes civilisations.

Mais il faut que la France ait foi en elle-même.

Pourquoi les industries françaises ne sont-elles pas plus développées ?

N'est-ce pas parce que les Français préfèrent, au développement des énergies de leur propre sol, les placements à l'étranger ?

Aux États-Unis, chaque petite ville a sa Banque Nationale, contrôlée par l'État. Les dépôts de cette banque ne sont jamais envoyés à l'étranger, et même rarement au dehors de la ville ou des alentours. Si un industriel de la localité désire créer une usine ou agrandir son commerce, toutes les facilités lui sont données par sa banque, qui lui prête le capital nécessaire à son entreprise.

De cette façon, non seulement la production s'étend, mais la population s'accroît, et, de New-York à San Francisco, les industries naissent et la production va toujours grandissant.

Ce système (ou un système analogue) n'est-il pas plus favorable au développement d'un pays que le système des Grands Établissements Financiers, lesquels drainant la province, accumulent les dépôts à la capitale pour les prêter à l'étranger ?

Aux États-Unis, nous avons foi en notre pays, en son développement ; nous avons foi en nos institutions.

Nous sommes, je crois, le peuple le plus démocratique de la terre. Mais, le moment venu, sans hésiter, nous avons remis à notre Président, les pouvoirs qui le rendent le plus puissant souverain du Monde.

Nous avons la foi. Nous savons que notre liberté ne court aucun risque. Nous avons appris que la liberté n'est pas seulement un mot que l'on écrit sur le fronton des Monuments publics ou que l'on hurle dans les assemblées.

Nous avons appris que la liberté, c'est la discipline, la discipline individuelle subordonnée au bien de tous.

On ne nous trompe pas avec les grands mots. Pour nous Travaillistes, Kienthal est une ville de la Bolchevie.

L'ère de l'Association est venue.

Mais ce n'est pas seulement l'association du Capital et du Travail qui s'impose. Il faut l'association des puissances industrielles, des puissances commerciales ; il faut l'association des nations alliées, pour la mise en commun de leurs ressources, pour le contrôle et la répartition des matières premières.

Un programme d'après-guerre a été déclaré par la conférence économique des gouvernements alliés, en 1916. Espérons qu'on se réunira de nouveau pour l'élargir.

Attitude du Parti travailliste américain.
Socialisme et Trade-Unioniste.

« Il y a surtout une chose que je voudrais vous demander et à quoi je tiens. Je vous supplie de ne pas vous servir du mot prolétariat quand vous me parlez ou quand vous parlez de moi. Cela me donne la nausée. Il n'est pas un seul vrai Américain qui, en ces temps d'épreuves, doive se laisser aller à diviser la famille humaine en classes et pour les exciter les unes contre les autres... Socialisme ne contient rien que malheur pour le genre humain. Je sais ce que je dis. Il détruit l'initiative individuelle, balaye notre fierté nationale — culture des nations — et devient finalement le jouet des autocrates. Voyez les ravages qu'il fait dans l'âme humaine — dans l'âme qu'il isole de la patrie. Le socialisme est la chimère des fanatiques, le sophisme des soi-disant philosophes, la niaiserie des soi-disant intellectuels. Economiquement il est inquiétant ; socialement, c'est une erreur ; industriellement, c'est une impossibilité. Il n'a pas sa place dans le cœur de ceux qui sont prêts à combattre pour la liberté et conserver la démocratie... »

Ainsi s'exprimait, un matin du mois de mars 1918, en son cabinet et pour le bénéfice d'un correspondant étranger, le Président de l'*American Federation of Labor*, M. Samuel Gompers. Ce cabinet, petit, confortable, sans luxe, au quatrième étage de la lourde bâtisse, véritable ruche du parti travailliste, aux innombrables offices, aux salles de conférences bourdonnantes, aux couloirs encombrés et comme ruisselants d'allants et venants, métallurgistes et mineurs du Moyen-Ouest, cotonniers du Sud, fermiers de l'Ouest, ceux-ci reconnaissables à leurs faces bronzées sous les larges chapeaux, tous la boutonnière ou le revers du veston orné d'insignes multicolores, était sans doute la seule pièce où régnait alors le calme. Et, tandis qu'il parlait, assis pour dissimuler sa petite taille, le président de l'*American Federation of Labor*, de son geste coupant, de sa voix autoritaire, de son regard perçant au-dessus de la double bouffissure des paupières, de toute l'emprise enfin de sa puissante et comme absolue laideur, imposait sa conviction, sa volonté.

Il fit une pause : puis, comme reprenant une nouvelle force, développant, martelant du geste sa pensée, il poursuivit :

« Avec d'autres personnes de bonne volonté, hommes et femmes, j'ai voulu aider les travailleurs à améliorer leur condition. Autant qu'il a été en mon pouvoir d'aider, autant que j'ai pu avoir la raison pour me diriger, j'ai, avec d'autres, travaillé à redresser les torts et les injustices dans l'industrie américaine : et, ces torts une fois admis, je me suis efforcé d'obtenir des garanties pour qu'ils fussent définitivement abolis... Nos institutions américaines sont l'œuvre de notre peuple américain accomplie dans une histoire dont ce n'est, certes, pas moi qui serai le moins fier. Il n'est aujourd'hui aucun homme, aucune femme, doués de raison et qui, ayant devant les yeux le spectacle éclairant de la Russie, croira encore qu'un peuple peut vivre sans quelque loi, sans une autorité établie. Le président des États-Unis n'a aucun pouvoir approchant celui d'un empereur d'Allemagne. Ce n'est pas lui qui a déclaré la guerre. Il n'avait pas autorité pour le faire. C'est le Congrès des États-Unis qui avait ce pouvoir, cette autorité. Et le Congrès, quoi que vous en puissiez penser, a été élu librement par le peuple américain : et il est là pour exprimer la volonté du peuple américain... J'ai dit et je crois que notre pays est la plus grande démocratie du monde. Je sais qu'il en est qui pensent autrement. Quoi qu'il en soit, n'est-il pas hors de doute que les principes de liberté, de justice l'emportent dans les démocraties du monde, dans ces démocraties et ces monarchies démocratisées qui sont unies aujourd'hui pour abattre l'impérialisme et le militarisme ? En un mot, la démocratie ne vaut-elle pas d'être défendue ? Pourquoi, dès lors, ne pas nous mettre tout de suite à la tâche ? Et quand la démocratie sortira radieuse de la tempête, ne sera-t-il pas temps alors de reparler d'industrialisme international ?... »

Le puissant leader s'arrêta encore et comme s'il eût voulu juger de l'effet de ses paroles sur son interlocuteur, sur le peuple des travailleurs, sur ces monarchies démocratisées, sur le monde entier. Puis, du même ton, de la même conviction, il acheva :

« Le Gouvernement des Etats-Unis a, au cours de cette guerre, affirmé sa confiance en nous. Vous n'ignorez pas combien les membres du Gouvernement, le Cabinet du Président, le Président des Etats-Unis lui-même, se sont montrés en étroite sympathie avec nous ? C'est à tel point que le principe pour lequel nous avons lutté pendant un demi-siècle est maintenant reconnu par notre Gouvernement. Pensez-vous maintenant que nous allons nous exposer à perdre le bénéfice de cette reconnaissance essentielle quand viendra la paix ? Non. Et, tandis que nous combattons maintenant l'autocratie en terre étrangère, nous établissons et assurons par là même la démocratie sur une plus ferme base chez nous. »

Certes, il eût été difficile d'exposer avec plus de netteté que venait de le faire le Président de l'*American Federation of Labor*, la position du parti ouvrier américain dans les deux traits qui le caractérisent davantage : 1° *trade unionism*, opposé au socialisme qu'il distingue à peine du bolchevisme ; 2° coopération avec l'Etat démocratique, considéré comme la plus haute expression de la volonté nationale.

✱✱

Le trade-unionisme américain
est politiquement indépendant.

Un autre trait, et non moins caractéristique, de ce *trade unionism* américain est dans le fait qu'il a toujours refusé de s'allier à aucun parti politique. En toutes leurs difficultés professionnelles et aussi bien au cours de toutes les luttes politiques, les adhérents de la *Federation of Labor* ont toujours assumé et jalousement gardé l'attitude de salariés *sans visées politiques*. Ils ont fait part de leurs desiderata aux divers partis en présence et avec l'arrière-pensée que ceux-ci rivaliseraient d'efforts pour présenter, soutenir, imposer leurs revendications. Ils eussent considéré la création d'un nouveau parti ouvrier comme un défi lancé à ceux déjà existants, voire au Gouvernement, à supposer que celui-ci s'isolât des autres partis, et, aussi bien comme une erreur de jugement et une faute de conduite du double point de vue professionnel et social.

Il leur a paru plus habile et de meilleur profit d'adopter une politique consistant à récompenser leurs amis et faire opposition à leurs ennemis, c'est-à-dire à soutenir les premiers en temps d'élection — à quelque parti qu'ils appartinssent — et à voter contre les seconds.

La méthode employée en temps d'élection par l'*American Federation of Labor* a donc consisté à poser des questions identiques aux divers candidats en présence, toutes questions portant sur la législation du travail. La Fédération a envoyé aussi des délégués aux Conventions afin d'exposer en toute impartialité les desiderata de l'organisation. Ces délégués ne faisaient aucune promesse, ne se liaient à aucun parti. Leurs desiderata exposés, ils se retiraient et laissaient les partis se prononcer et agir. Cette intervention en quelque sorte passive suffit parfois ou souvent à changer l'orientation d'un vote.

Près de sept millions d'électeurs acceptent et soutiennent actuellement les revendications de la Fédération. Il est naturellement peu d'éligibles ou d'élus qui croient pouvoir négliger une valeur électorale de cette importance. Les victoires de la *Federation* ne se comptent donc plus. L'une des plus importantes fut sans doute remportée quand fut voté l'amendement au *Clayton Anti Trust Act* proclamant le grand principe que « le travail d'un être humain n'est ni une commodité, ni un article de commerce ». C'est ce principe qui inspira et domina dans la suite toutes les controverses et la législation ouvrières nouvelles.

Le Parti travailliste pendant la guerre. Création du « War Labor Board ».

Une entente, ainsi qu'il a été dit, fut conclue au début de la guerre entre les leaders du parti ouvrier et le gouvernement américain. Aux termes de cette entente et au nom des ouvriers, les leaders du parti s'engageaient spontanément à coopérer avec le gouvernement et sans, pour le présent, lui rien demander en retour. Ils acceptaient le principe d'arbitrage dans tous différends qui pourraient, durant la guerre, surgir entre employeurs et employés. Ce fut cette entente que le président Wilson ne fit que renforcer quand, le 8 avril 1918, il créa le *War Labor Board*, sorte de tribunal en dernier ressort, et à qui il conféra les pouvoirs les plus étendus pour examiner et résoudre tous les différends à venir entre Capital et Travail, entre employeurs et employés.

La création du War Labor Board avait naturellement

un but défini qui était « d'obtenir le maximum de production dans toutes les industries de guerre ». Mais la poursuite de ce but impliquait l'observation de certaines conditions dont les plus essentielles étaient la fixation et le maintien d'un taux des heures de travail et des salaires. Il rentrait donc dans les attributions du *War Labor Board* de réviser les contrats de travail passés au début de la guerre. Il devait se rendre compte, par de minutieuses enquêtes, si les salaires qui avaient paru alors équitables, continuaient de l'être sous les nouvelles conditions qui s'étaient créées ou développées depuis. Dans cette estimation devaient entrer comme facteurs déterminants l'augmentation du prix de la vie et les avances ou les réserves monétaires qui devaient être prévues pour le réajustement de la vie nationale quand viendrait le moment de la paix.

Après une première et rapide enquête, il apparut clairement que si presque tous les salaires avaient été équitables lors des contrats passés au début de la guerre, ils avaient cessé de l'être sous les nouvelles conditions. Un ajustement s'imposait donc. De nouvelles bases de calculs, où il était tenu compte des nouvelles données, furent établies. Pour établir ces bases, le *Board* s'inspira surtout de la pensée, d'abord exprimée dans l'amendement Clayton, puis précisée par le président Wilson dans sa proclamation lors de la création du *Board* et quand il déclara :

« En vue de fixer les salaires, on établira des taux qui assureront la subsistance du travailleur et de sa famille dans des conditions raisonnables d'hygiène et de confort. »

En la plupart des cas qui lui furent soumis — ceux des ouvriers du bâtiment exceptés — le *Board* reconnut donc la nécessité d'élever les salaires. Naturellement il se trouva aussitôt confronté avec les difficultés industrielles et financières. La hausse des salaires étant déclarée nécessaire tandis que le prix des produits industriels était *standardisé* (restait fixe) et tandis que toutes les autres dépenses — par suite de l'accroissement des prix des matières premières, du charbon, etc., — augmentaient, comment faire face aux nouvelles charges sans mettre en péril l'existence même des industries ?

Pour résoudre la difficulté et désireux en même temps de maintenir ce qu'il considérait être les droits de la justice, le War Labor Board n'hésita pas, dans un grand nombre de cas, à recommander la hausse des prix sur les produits d'utilité publique corollairement avec la hausse des salaires des ouvriers producteurs. La charge la plus forte des frais occasionnés par les conditions extraordinaires qui confrontaient le pays se trouvait ainsi retomber finalement sur le consommateur.

D'autre part le *Board* déclarait fausse la proposition suivant laquelle la hausse des salaires, venant s'ajouter aux frais généraux, devait occasionner une baisse des bénéfices. Il maintenait au contraire, et comme vérité d'expérience (1), que des travailleurs mal payés ne fournissaient qu'un travail médiocre tandis qu'une hausse des salaires, conclue d'accord avec les travailleurs, avait toujours pour conséquences un accroissement de travail et, conséquemment, de bénéfices. Enfin le *Board* faisait observer qu'une main-d'œuvre mal rétribuée est peu stable : et l'expérience, ici encore, venait montrer que les frais occasionnés par une éducation constamment à recommencer de nouvelles recrues ouvrières étaient de beaucoup supérieurs à ceux résultant d'une hausse raisonnable des salaires accordée à un personnel stable.

Ces principes, ou vérités industrielles, étant admis, le *Board* reconnut « le droit des travailleurs à s'organiser en trade-unions et à discuter collectivement toutes

---

(1) L'exemple fameux de M. Henry Ford, ayant subitement augmenté les salaires des ouvriers dans ses usines de Détroit, sans envisager les conséquences financières et y ayant finalement trouvé un important accroissement de bénéfices, a été souvent cité.

questions les intéressant par l'intermédiaire de représentants choisis. »

Et, en effet, en toutes instances où des travailleurs
purent faire établir devant le *Board*, par des représentants ou délégués, qu'ils avaient été congédiés par leurs
employeurs sans autre motif que leur affiliation aux
trade-unions, le *Board* ordonna que les congédiés fussent repris par les Compagnies et qu'une paie entière
pour le temps perdu leur fût versée à la reprise du
travail.

Enfin, en toutes occasions, le *Board* affirma le droit
des travailleurs à « un salaire de vie » par les paroles
et par les actes.

**

Réformes législatives ouvrières. Mesures de protection.

Ces principes adoptés et mis en vigueur par le *War
Lobor Board* ne restèrent pas avec le *Board*. La législa-
ture s'en inspira. Et un rapide examen ou une simple
récapitulation des mesures et réglementations du travail qui suivirent montre que toutes furent établies
d'après les mêmes principes.

C'est donc le 8 avril que le *War Labor Board* annonce
comme politique générale que « les sauvegardes établies et les règlements fixés pour la protection de la
santé et pour la sécurité des travailleurs doivent être
strictement observées. » A travail égal les femmes
doivent recevoir même paie que les hommes : et le travail doit être distribué en tenant toujours compte de la
force des travailleurs.

Le 10 avril, l'Assemblée de New-York écarte un projet
de règlement ayant pour objet d'autoriser le travail des
femmes dans les restaurants jusqu'à une heure du
matin, au lieu de dix heures du soir comme antérieu-
rement admis.

Le 11 avril, l'amiral Bowles, présentant, devant la commission du commerce du Sénat, un rapport sur l'amélioration des conditions du travail dans les chantiers de Hog Island, déclare : « Le travail de nuit et celui du dimanche — ce dernier ayant été jusqu'ici semblable à celui de la semaine — ont été réduits au minimum. Cette mesure a eu pour conséquence une amélioration sensible dans le rendement individuel des travailleurs. »

Le 12 mai, l'Etat de Massachusetts rend effective la mesure réglant le travail des jeunes filles dans les ascenseurs.

Le 21 mai, la ville de New-York rend effective la mesure fixant les conditions de travail des jeunes filles employées comme commissionnaires.

Le 10 juin, l'Etat de Wisconsin réglemente les heures de travail des femmes dans les tramways.

Le 2 juillet, le président Wilson oppose son veto à un projet de loi d'appropriation, à cause d'un paragraphe « qui changerait défavorablement les règles du travail » et qui porterait de sept à huit les heures de travail des employés du gouvernement à Washington. Il justifie sa décision déclarant : « Il m'a paru d'abord et il me paraît mieux maintenant qu'il est de la plus haute importance que les avantages accordés au travail avant la guerre ne soient ni supprimés ni ignorés. »

Le 13 juillet, le *War Labor Policies Board* fait une déclaration des politiques du Gouvernement au sujet du remplacement des femmes par les hommes dans les travaux de guerre afin de décourager les femmes de se donner à des travaux « peu faits pour elles soit physiquement, soit moralement » et pour encourager l'emploi d'hommes « jusqu'ici considérés trop âgés mais qui constituent une réserve de travail trop négligée ». La même déclaration insiste sur la nécessité de maintenir en vigueur des mesures définitives de protection appliquées aux heures, aux salaires et aux conditions du travail.

Le 20 août, le même *Board* annonce que « tous les

contrats à venir passés dans l'une quelconque des branches du Gouvernement » comprendront « certaines clauses, telles que la restriction du travail des enfants et des prisonniers et l'observation stricte de tous les règlements intérieurs des usines ».

Le 3 septembre, rapport de M. Mac Adoo, directeur général des Chemins de fer, stipulant que les efforts de la direction ont oujours tendu à assurer aux femmes employées un salaire égal à celui des hommes pour un travail égal, dans le même temps que cette direction veillait à ce que ces femmes ne fussent pas employées à des tâches peu faites pour leur sexe : enfin le système de la journée de travail de huit heures avait partout été appliqué.

Le 18 septembre, le chef de justice Clark, de la Cour Suprême de North Carolina, agissant comme arbitre du *War Labor Board* dans l'affaire des *Wheeling Iron Molders*, fait une importante déclaration en faveur de la journée de huit heures. Il préconise la mise en vigueur du système dans tous les cas, hormis ceux d'urgence. Et ces derniers devraient être décidés par une commission jointe permanente, composée de deux délégués des employés et deux représentants des employeurs. L'avis favorable d'au moins trois membres du comité devrait être obtenu avant d'autoriser n'importe quel travail dépassant huit heures.

Le 24 septembre, la *United States Steel Corporation* annonce qu'à partir du 1er octobre, la journée de huit heures deviendra effective pour les 275,000 ouvriers de la Corporation.

Le 1er octobre, une réunion des membres du Gouvernement chargés de faire observer les lois du travail se tient à Washington et adopte des résolutions contre toute restriction aux lois générales du travail ou tout relâchement des lois de protection, à moins de recommandations spéciales par les autorités fédérales de la juridiction compétente.

Répression des abus.

D'autre part, et dans le même temps qu'il cherchait de toutes manières et en prenant toutes mesures les droits des travailleurs, le Gouvernement américain veillait à ce que ces travailleurs ne pussent abuser de l'esprit bienveillant manifesté à leur égard et outrepasser leurs droits.

Dans toutes les grèves qui se déclarèrent, nombreuses (1) et presque toujours à l'instigation obscure ou sous la direction avérée de l'Allemagne, le Président a montré vis-à-vis des grévistes la même fermeté qu'il manifestait vis-à-vis des Compagnies ou des employeurs. La meilleure preuve qu'il fit paraître de cette fermeté, en même temps que de son impartialité, fut lors de la grève des mécaniciens de Bridgeport et dans les différends de la Compagnie *Smith and Wesson*, de Springfield.

Cette dernière Compagnie, dans un conflit avec ses ouvriers, refusa de se soumettre à la décision du War Labor Board, le Président ordonna sa mobilisation immédiate et son exploitation par l'Etat.

Dans le même temps, les ouvriers mécaniciens des usines de munitions de Bridgeport s'étaient mis en grève sur une question de salaire. Leurs desiderata avaient été portés, suivant le processus adopté de com-

---

(1) En juin 1918 le nombre total des grèves déclarées au cours des sept mois précédents, atteignaient 922, impliquant 1,397,687 travailleurs, et accusant un accroissement de 12 0/0 sur le total de l'année précédente et de 18 0/0 sur le nombre des grévistes. La plupart de ces grèves, qu'elles eussent pour cause avouée une demande de hausse des salaires motivée par la hausse du prix de la vie ou bien l'excès de profits de certaines Compagnies, ou l'admission de non-unionistes au travail monopolisé par les unionistes, ou encore la concurrence du travail des femmes, parurent également injustifiées aux experts chargés de faire enquête. Et, dans presque tous les cas, les grévistes, soit sur appel du Président de l'*American Federation of Labor*, soit sur demande du Président des Etats-Unis, reprirent rapidement le travail.

mun accord, devant le *War Labor Board* pour arbitrage. Après examen le *Board* avait refusé de reconnaître le bien-fondé de leurs demandes et s'était déclaré pour la reprise immédiate du travail. Environ dix pour cent des grévistes refusèrent de se soumettre à la décision du *Board* tandis que les quatre-vingt-dix pour cent restant l'acceptaient. Immédiatement le Président écrivit aux récalcitrants la magistrale et comminatoire lettre suivante :

« Messieurs,

« J'ai reçu vos résolutions du 6 septembre annonçant que vous aviez commencé une grève contre vos employeurs à Bridgeport, Connecticut. Vous êtes membres des branches de Bridgeport de l'Union internationale des Machinistes. En cette qualité et avec l'approbation des directeurs de votre Union, vous avez signé un accord stipulant que vous soumettriez au *War Labor Board* toutes les questions concernant le travail et accepteriez la décision qui, selon les règlements et procédures approuvés par moi, pourrait paraître juste.

« Les membres du *Board* n'ayant pu obtenir unanimité de vues sur toutes les questions présentées par vous, celles en balance, ainsi que la constitution du *Board* le prévoit, furent portées devant un arbitre choisi d'après consentement unanime du *Board*.

« L'arbitre ainsi choisi rendit un jugement que plus de quatre-vingt-dix pour cent des travailleurs concernés ont accepté. Vous au contraire, qui constituez seulement dix pour cent des réclamants et qui êtes les mieux payés de tout le corps des travailleurs et qui, par là même, sembleriez avoir moins de raisons de demander un accroissement de salaires en faisant valoir la cherté de la vie, vous refusez de vous soumettre à la décision arbitrale. Quelle que puisse être la légitimité de vos réclamations celles-ci se trouvent closes par là décision annoncée. Votre grève actuelle constitue une rupture d'engagement et qui entache la sincérité du travail national organisé ayant proclamé son adhésion aux principes et à l'organisation du *War Labor Board*.

« Au cas que semblable mépris du verdict d'un tribunal auquel deux parties ont soumis leurs revendications fût toléré, les accords deviendraient donc de simples chiffons de papier. Si des erreurs se glissent dans le verdict, la marche à suivre est la soumission à ce verdict après appel, pour révision, au tribunal. Mais déclarer la grève contre la décision constitue une déloyauté et un déshonneur.

« La Compagnie *Smith and Wesson* de Springfield, Massachusetts, qui travaille pour le Gouvernement, a refusé d'accepter la médiation du *War Labor Board*. Cette Compagnie a prétendu ignorer les règlements et décisions approuvés par proclamation présidentielle. Avec mon autorisation, le Département de la Guerre a donc repris les usines et les affaires de la Compagnie afin d'assurer la continuation de la production et prévenir toute désorganisation industrielle.

« Il est de la plus haute importance que la soumission à des règlements et à une procédure raisonnables, en vue de résoudre tous les différends d'ordre industriel soit assurée. Ayant eu recours à des mesures sévères avec des employeurs récalcitrants, il est de mon devoir d'user de moyens également adéquats au but à atteindre avec des employés sans parole ni conscience.

« Je désire donc que vous retourniez au travail et vous soumettiez à la décision du *Board*. En cas de refus chacun de vous sera exclu de tout emploi dans les industries de guerre dans la région où la grève s'est produite et cela durant une période d'une année. Durant cette même période le service d'emploi des Etats-Unis refusera de vous trouver aucun emploi dans n'importe quelle industrie de guerre de n'importe quelle autre partie des Etats-Unis aussi bien que dans tout autre service dépendant de la Marine, du Shipping Board ou des Chemins de fer du Gouvernement. Enfin les Bureaux de recrutement recevront des instructions pour rejeter toutes demandes d'exemption de votre part et qui serait basée sur votre utilité dans la production de guerre.

« Sincèrement à vous,   « Woodrow Wilson. »

Résumé et Conclusion.

Que le principe de la coopération des travailleurs et de l'Etat soit excellent, personne assurément ne songera à le nier. Cependant, que l'application de ce principe ait toujours été, aux Etats-Unis, aussi bienfaisant pour les travailleurs et pour l'Etat que nous l'avons vu pendant la guerre, le parti d'opposition n'a pas été seul à en douter. Les esprits les plus impartiaux ont pu regretter que la fermeté montrée par le pouvoir exécutif avec les grévistes de Bridgeport n'ait pas été montrée avec une égale décision, ni surtout une égale et claire vision des conséquences, partout.

Il a paru que, lors des diverses menaces de grève générale des Chemins de fer, le pouvoir exécutif se montrait plus incliné et était plus prompt à admettre les revendications des grévistes qu'à s'assurer de la viabilité, financière et économique, des mesures qu'il choisissait pour satisfaire ces revendications. La loi Adamson, fixant la journée de huit heures, trop hâtivement préparée, votée à l'esbrouffe par une majorité de partisans, est un exemple de cette partialité. On sait quels furent ses résultats et comment les Compagnies, s'étant reconnues incapables de continuer leur exploitation sous les nouvelles conditions, le Gouvernement américain dut reprendre cette exploitation à son compte et comment cette exploitation, en dépit des augmentations de tarif (1) se solda, dès les premiers mois, par un déficit formidable..

Il en a été de même et le déficit n'a pas été proportionnellement moindre avec les divers services que, pour des raisons et dans des conditions semblables, le Gouvernement a successivement repris, téléphones, télégraphes, câbles.

---

(1) L'augmentation des tarifs de fret fut fixé à 25 0/0 et celle des tarifs de voyageurs fut portée à 50 0/0.

En même temps que l'on a fait valoir la grande partialité du pouvoir exécutif pour les travailleurs et les médiocres résultats financiers de son ingérence dans les affaires industrielles, on a exprimé la crainte que l'assurance d'obtenir toujours gain de cause dans leurs revendications suscitât moins de reconnaissance de la part des travailleurs que de désirs d'obtenir de plus grands avantages. Et l'apparence de sanctions — exclusion des services de l'Etat, conscription forcée et renvoi aux armées — cessant avec la guerre, il a paru que rien ne subsistait qui pût limiter dans l'avenir ces revendications. Plusieurs expériences ont déjà paru justifier quelques-unes de ces craintes. Cependant les causes vraies des grèves des travailleurs de la marine et de celle des débardeurs du port de New-York n'ont pas encore été nettement établies non plus que le rôle qu'ont pu y jouer la propagande et l'argent allemands. La question reste posée. Les travailleurs américains se montreront-ils partners loyaux, actifs, conscients des réalités et des nécessités, prévoyant les conséquences et acceptant les responsabilités dans la coopération commencée — et de si nombreux et importants avantages leur ayant été consentis — avec l'Etat ? Ou bien ces travailleurs se laisseront-ils influencer par une propagande plus vivace aujourd'hui qu'elle n'a jamais été (1) ? Le mauvais ferment d'anarchie viendra-t-il attaquer, détruire la belle œuvre commencée ? Le jugement, jusqu'ici si solide, du peuple américain et le plus prochain avenir feront réponse.

G. LECHARTIER.

---

(1) Nous voulons parler de la propagande des I. W. W. (Industrial Workers of the World) organisation soi-disant américaine et anarchiste, en fait admirablement organisée et libéralement financée par l'Allemagne pour exciter des conflits et désorganiser de toutes manières les industries des Etats-Unis. Une centaine des leaders des I. W. W. ont été arrêtés, jugés, reconnus coupables et condamnés à la prison durant l'été de 1918.

Lettre-Préface de Lord Askwith

A Monsieur VILLARS

———— ✳ ————

Cher Monsieur,

Je veux vous féliciter de l'habileté logique avec laquelle vous avez groupé certains faits et en avez tiré des arguments relativement à l'état des problèmes industriels en Grande-Bretagne et en Irlande. Vos arguments éclairent la pensée. Contrairement à tant d'autres écrits, ils ne répandent pas l'obscurité. Le tableau que vous tracez est noir. Il serait téméraire de dire qu'il l'est trop. Il peut prendre la teinte qui lui est donnée si le peuple de ce pays ne sort pas de sa léthargie et ne comprend pas que l'on ne gagne pas la guerre avec des célébrations de paix et en comptant sur le papier-monnaie ; mais que le travail, la production et les exportations sont nécessaires pour compléter les efforts de la guerre. La difficulté est d'évoquer aux yeux du peuple un idéal, de telle façon que, pour l'atteindre, il donne le même effort commun que celui qui a si largement contribué à gagner la guerre. Comme la guerre, la paix a ses dangers.

Personne ne croyait que la guerre durerait aussi long-

temps. Le peuple, s'étant adapté à la guerre, s'est trouvé surpris par l'armistice. Le long retard apporté à régler les conditions de la paix a prolongé l'incertitude. La répercussion des troubles de Russie et d'autres pays a augmenté dans ce pays la puissance des éléments de désordre. Le résultat a été une perturbation considérable. Mais il ne faut pas, en envisageant cette perturbation, perdre le sens de la proportion ni prendre les notes alarmistes des journaux comme représentant la situation véritable. Un certain nombre de grèves, éclatant au milieu d'une population de quarante millions d'individus, sont comme des ombres fugitives passant sur l'existence de quelques-uns. Elles peuvent effrayer beaucoup de gens en dehors de ceux qu'elles intéressent directement ; mais elles n'ont pas d'effet sérieux sur la grande majorité.

Je crois que vous êtes dans le vrai en disant qu'il existait et qu'il se préparait de grands mouvements dans l'automne de 1914. La guerre les a arrêtés momentanément. Si les profiteurs avaient été dénoncés au début, l'attitude des ouvriers aurait pu être moins embarrassante, malgré la cherté de la vie. Mais le gouvernement n'a jamais fait connaître, comme il l'aurait dû, les faits au labour, et il a préféré et préfère encore les donations et l'assistance en argent. Dans ces conditions, il n'est pas étonnant que les ouvriers fassent et renouvellent des réclamations, bien que, sous le rapport des salaires et des heures de travail, il ait été fait par les employeurs des concessions considérables. Personne, en 1914, n'aurait pensé que de tels changements fussent possibles sans un sérieux conflit ; et aujourd'hui encore les règlements ne se font pas sans conflit. Mais si certains groupes ouvriers demandent bien davantage, il est clair que beaucoup des principaux chefs du labour se rendent compte de l'étendue des changements effectués. Ils comprennent aussi que ces changements ne peuvent être maintenus par une politique de ralentissement du travail, d'insuffisance de production, en paiement des importations ou d'incertitude prolongée. Ils se rendent compte des faits brutaux tels que les dettes coloniales, les impôts si lourds et l'irritation croissante des classes moyennes. Il en résulte qu'il se produit un mouvement puissant contre les prodigalités du gouvernement, des avertissements contre le danger d'une faible production, une tendance à consolider ce qui existe et un désir salutaire de ne pas jeter au vent les résultats de la guerre, mais de conserver l'unité.

Croyez, etc.

(Signé) : Askwith.

Le malaise industriel en Angleterre

La question ouvrière, en Angleterre comme partout, est au premier rang des préoccupations des gouvernants, des industriels, des commerçants et du public en général, qui commence à se rendre compte plus clairement qu'autrefois des répercussions des problèmes ouvriers sur la vie nationale et sur l'existence individuelle de tous les citoyens, du plus fortuné au plus humble. Loin de s'améliorer, la situation tend à empirer ; la guerre a accentué le malaise industriel, et la paix semble devoir aggraver encore un état de choses déjà assez inquiétant, bien qu'il y ait des symptômes rassurants.

L'Angleterre, plus peut-être qu'aucun autre pays organisé d'Europe, a été et est encore atteinte de la maladie morale dont tout le monde souffre. Cela est assez compréhensible, et il est aisé d'en donner la raison. Avant la guerre, la Grande-Bretagne était en proie au malaise industriel. Jamais l'on n'y vit tant de grèves que pendant les années 1911-1914, et jamais les relations entre le Capital et le Travail, entre employeurs et employés, ne furent moins satisfaisantes et empreintes, de part et d'autre, de plus de méfiance et de moins de bon vouloir. En 1911, il y a 804 grèves ; en 1912, 857 ; en 1913, 1,497 ; en 1914, 973.

Les choses en étaient là lorsque la guerre éclata. A l'appel du gouvernement, employeurs et employés oublièrent leurs griefs, la méfiance fit place à un sentiment de solidarité nationale et l'on conclut une trève pour la durée de la guerre. Cela fit croire à certains optimistes que les querelles industrielles avaient pris fin à tout jamais et qu'à l'avenir la paix allait régner entre employeurs et employés. C'était une erreur ; l'expérience de la guerre loin de calmer les passions les incita ; la méfiance devint plus grande, les rapports plus aigres ; et en somme la situation actuelle est que l'on reprend les choses au point où on les avait laissées en août 1914 ; mais avec cette aggravation que les ouvriers, qui avaient encore une certaine confiance dans le gouvernement, l'ont perdue ; ils prétendent que le gouvernement leur a manqué de parole, et leur méfiance des capitalistes a augmenté.

Une des causes de ce curieux état d'esprit est qu'en Grande-Bretagne le mouvement ouvrier est inextricablement lié à la politique et que les questions économiques et ouvrières et les questions politiques se confondent trop souvent. Partout, elles réagissent les unes sur les autres ; en Angleterre, il est dans bien des cas impossible de les séparer.

***

En Angleterre, quand on parle du *Labour*, on entend par ce mot l'ensemble, la masse des travailleurs, représentée plus spécialement par les syndicats ouvriers ou Trade-Unions.

Le *Labour Party*, c'est autre chose. C'est l'ensemble des organisations travaillistes, industrielles et autres, réunies en un parti politique national. Le *Trade Union Congress* en est l'aile industrielle et l'*Exécutif national du Labour Party* l'aile politique. Il comprend des Trade-Unions, des associations socialistes, des associations ouvrières provinciales et des groupes politico-littéraires comme la Fabian Society, et aussi des individus, hommes et femmes, n'appartenant à aucune société, à aucun groupe. Telle est sa nouvelle constitution (janvier 1918), depuis le moment où il fut décidé de reconnaître, comme faisant partie de l'armée des travailleurs, non plus seulement ceux qui font un travail manuel, mais tous ceux qui « travaillent ou produisent de leurs mains ou de leur intelligence ». Il va sans dire que les Trade-Unions, avec leurs 2,500,000 membres (1), forment la majorité du parti ouvrier. Depuis 1908, le *Labour Party* a adopté la doctrine socialiste, et il est affilié au bureau socialiste international. Cela ne veut pas dire que tous les trade-unionistes soient socialistes : mais tous les chefs des Trade-Unions qui représentent celles-ci dans les conseils du parti peuvent être considérés comme étant socialistes.

Le *Labour Party* organise et entretient un parti politique dans le pays et au Parlement, choisit et patronne les candidats ouvriers, coopère avec le comité parlementaire des Trade-Unions au point de vue politique, et a pour objet d'assurer « aux producteurs par le travail manuel ou intellectuel les fruits complets de leur travail et la plus équitable répartition de ces fruits sur la base de la propriété collective des moyens de production et du meilleur système possible d'administration et de direction populaires de tous les services et industries, et de contribuer à l'émancipation politique, sociale et économique du peuple ».

A l'extérieur, le *Labour Party* est en relations avec les organisations travaillistes des autres pays.

Il est un autre groupement ouvrier dont il a été beaucoup question depuis sa constitution définitive en décembre 1915. C'est celui que l'on appelle la Triple-Alliance industrielle, composée des mineurs (800,000 membres), des cheminots (350,000 membres) et des ouvriers des transports et docks (250,000 membres. Cette formidable association de plus de 1,300,000 ouvriers a été créée parce que, pour le mineur, le cheminot et le docker le tort fait à l'un est un tort fait aux autres. Ce fait a été révélé aux travailleurs de ces industries au moment des grandes grèves de 1910-1912, où le chômage de l'une d'elles entraînait le chômage involontaire

____

(1) Il ne s'agit ici que des Trade-Unions affiliées au Parti ouvrier comme tel. Le nombre total des membres des Trade-Unions était, en 1918, de 4,400,000.

des autres, d'où il résulta que les travailleurs supportaient tous les inconvénients d'un chômage simultané sans aucun des avantages d'une action solidaire. L'enseignement tiré de cette expérience est que *ce que les travailleurs doivent viser, c'est moins les grèves de solidarité que les grèves synchronisées, ou, mieux encore, pas de grèves du tout, mais la victoire que peut remporter la simple menace de grèves synchronisées.* Un des chefs du mouvement de la Triple-Alliance a déclaré qu'elle a le pouvoir « d'arrêter tous les rouages du royaume si la nécessité s'en présentait ».

Dans le domaine purement économique, donc, le *Labour* a à sa disposition les Trade-Unions et les groupes socialistes, plus, et surtout, la Triple-Alliance ; dans le domaine politique, il a le *Labour Party*, composé du comité parlementaire des Trade-Unions, des Trade-Unions affiliées, des socialistes et des associations diverses et des membres individuels du parti, dont l'action se fait sentir aux élections, puis au Parlement.

Au point de vue économique et politique, il va sans dire que les Trade-Unions ont la plus grosse part d'influence par le fait du nombre de leurs membres, et que, par leurs représentants à la Chambre des Communes, leur action directe se fait sentir dans les affaires du pays. Ainsi qu'il a été dit, déjà, si le *Labour Party* est socialiste, tous les *Labour men* ne le sont pas et, bien des fois le comité parlementaire des Trade-Unions, composé des *labour men* députés, a agi comme frein sur les esprits les plus ardents du *Labour Party* et refusé de s'engager dans des voies extrêmes ou impolitiques. Cela est à la fois avantageux et dangereux. Avantageux, parce que la voix du *Labour* peut se faire entendre au Parlement ; dangereux, parce que, dans certains cas, l'insuccès de l'action parlementaire du *Labour Party* a trop souvent fourni aux extrémistes l'occasion de préconiser l'action industrielle (autrement dit la grève) dans un but politique.

En politique, le *Labour Party* est indépendant des autres partis, bien qu'à diverses époques, des députés travaillistes aient fait partie du gouvernement, comme

M. John Burns, par exemple. Mais pendant la guerre, le *Labour Party* consentit à entrer dans le ministère de coalition, où il fut largement représenté jusqu'en novembre 1918. A ce moment, en présence de la décision du gouvernement de faire des élections générales, le *Labour Party* reprit sa liberté d'action.

***

La paix industrielle fut de courte durée ; la trêve ne dura guère que pendant les derniers mois de 1914, et les relations entre les travailleurs, d'un côté, et le gouvernement et les employeurs, de l'autre côté, furent bientôt très tendues. Et c'est ainsi que de nouveaux griefs, réels ou imaginaires, venant s'ajouter aux anciens, la situation industrielle empira.

En 1915, les besoins de l'armée britannique et des armées alliées croissant constamment, il fallut arriver à une production intensive, et pour cela la première mesure à prendre fut de négocier avec les Trade-Unions pour obtenir d'elles la suspension pendant la guerre de leurs règlements et coutumes dont l'objet était de restreindre la production. Elles y consentirent à la condition que le gouvernement s'engageât à rétablir intégralement ces coutumes dès que la guerre aurait pris fin. Le gouvernement prit l'engagement qui lui était demandé. Plus tard, le gouvernement fit voter les lois sur les munitions qui déclaraient les grèves illégales et soumettaient les ouvriers à des règlements très rigoureux, les empêchant de se déplacer à volonté ou de changer d'ateliers et leur imposant des restrictions professionnelles et personnelles insupportables à des Anglais. La production augmenta certainement ; mais le mécontentement augmenta tellement, qu'en 1916, après une enquête et un rapport d'une commission spéciale, on dut modifier la loi sur les munitions. Mais l'ouvrier était toujours lié à l'atelier et l'application de la loi n'en resta pas moins, dit un membre du *Labour Party*, « centralisée, antidémocratique et rigoureuse ».

Le mécontentement continua ; le malaise était devenu chronique, et la loi militaire instituant le service obligatoire l'augmenta.

Ce qui ajouta encore à l'irritation des travailleurs, ce fut la double constatation de la nécessité d'une loi sur les bénéfices de guerre pour frapper d'un impôt spécial ces bénéfices et du rendement immense de cet impôt. Les ouvriers anglais y virent ou crurent y voir clairement que « des sacrifices patriotiques qu'ils avaient consentis pour la cause de l'union nationale, une bonne partie allait droit dans la poche des autres signataires de la trève ».

En même temps, le développement des industries de guerre eut un résultat curieux. Comme l'a dit un écrivain du *Labour Party*, « la campagne de M. Lloyd George pour augmenter la production — ce qui fut fait grâce à la prolongation des heures de travail, la suspension des congés et l'accélération du travail dans les ateliers — et la grande publicité donnée à ses résultats firent naître l'idée que ces principes pourraient être plus largement appliqués encore et la productivité nationale élevée à un niveau fabuleux au moyen d'une accélération constante, d'une direction scientifique, de *l'éducation de l'atelier* et de l'établissement de la paix industrielle permanente. Ainsi, dans un seul et même moment la possibilité d'une paix permanente fut mise en danger par un courant souterrain croissant d'hostilité de la part des travailleurs, et, de l'autre côté, cet idéal fit de rapides progrès dans des classes qui, jusqu'ici, avaient considéré les questions ouvrières comme quelque chose qui leur était tout à fait étranger ».

Ces deux mouvements en sens inverse ont continué depuis, et la reconstitution de la Grande-Bretagne ne sera possible que le jour où l'on aura trouvé la formule de la paix industrielle permanente et de la coopération cordiale des employeurs et des employés, du Capital et du Travail. A l'heure qu'il est, on paraît en approcher, mais on ne l'a pas encore trouvée, malgré les efforts faits de part et d'autre. Car s'il existe un courant souterrain parmi les travailleurs dont l'aile avancée est intransigeante et veut arriver par tous les moyens à la suppression du Capitalisme et à l'avènement de l'Etat capitaliste unique, c'est-à-dire au socialisme pur et éventuellement au syndicalisme, il n'est pas du tout certain que la masse des ouvriers anglais soit composée de socialistes. Il est beaucoup de trade-unionistes et de *labour men* qui comprennent très bien que seule la coopération des ouvriers et des patrons peut ramener la prospérité de la Grande-Bretagne, qui ne saurait se relever que par une production plus intense que jamais et par une activité croissante de son commerce d'exportation. Il est même permis de croire qu'ils sont en majorité. Mais, en Angleterre comme ailleurs, les minorités remuantes et bruyantes exercent souvent une influence hors de toute proportion avec leur force numérique. Il y a aussi, en Angleterre comme dans les autres pays, une masse flottante considérable qui n'a pas d'opinions bien arrêtées et qui se laisse facilement mener tantôt dans un sens tantôt dans un autre, et c'est ainsi que s'est prolongé jusqu'à présent le malaise industriel qui, en juillet 1917, devint si grave que le gouvernement dût instituer une commission d'enquête spéciale, pour laquelle l'Angleterre, le Pays de Galles et l'Ecosse furent divisés en huit régions dans chacune desquelles il fut envoyé trois commissaires formant ainsi huit sections ou sous-commissions dont chacune fit un rapport séparé. Ces rapports ont été résumés d'une façon magistrale par sir William Chance, au travail duquel sont empruntés la plupart des détails qui suivent.

Le malaise industriel qui, on l'a vu, date d'avant la guerre, a des causes permanentes et des causes temporaires.

Parmi les causes permanentes, les unes sont économiques, les autres sociales, les autres enfin politiques.

Au nombre des premières sont : que les augmentations de salaires n'ont pas correspondu aux besoins de l'existence moderne de l'ouvrier dont le niveau de bien-être s'est élevé ; que l'ouvrier fait de ce niveau de bien-être la base de son salaire ; que l'ouvrier a adopté en partie la théorie que la réduction de la production est à son avantage ; que les augmentations de salaires dans les diverses industries accusent de graves inégalités ; viennent ensuite la lenteur et l'imperfection des moyens de régler les querelles ouvrières ; le fait que nombre d'ouvriers refusent de faire partie des Trade-Unions, tout en profitant des avantages dus à l'action de ces syndicats ; l'attitude hostile de certains patrons envers le trade-unionisme.

Les causes sociales sont : la conviction que le Capital et le Travail sont nécessairement hostiles ; l'état déplorable des habitations et logements ouvriers et des milieux où ils sont situés ; le manque des moyens d'instruction et des facilités de distraction.

Au point de vue politique, ce qui contribue au malaise, c'est en grande partie la propagande des minorités bruyantes dont il vient d'être parlé, qui jettent de l'huile sur le feu en exagérant l'antagonisme entre le Capital et le Travail. Le parti ouvrier indépendant (*Independent Labour Party*), mené par des « intellectuels » plutôt que par des travailleurs, et les jeunes enthousiastes du *Central Labour College Movement* (1) sont les esprits les plus avancés du *Labour Party* et en constituent l'aile gauche ; ils inclinent vers le socialisme extrême, l'abolition du système capitaliste et l'établissement d'un nouvel ordre social ; d'abord favorables à l'action politique, ils montrent maintenant une préférence marquée pour l'action industrielle, c'est-à-dire la grève ; et il n'est pas douteux que leurs doctrines gagnent du terrain parmi les Trade-Unionistes, qui, toutefois, sont divisés sur ce point (2).

---

(1) Le *Central Labour College* a été fondé en 1909, à la suite d'une scission qui s'est produite au Ruskin College, d'Oxford, établi en 1899 pour donner une instruction en science politique et sociale à des étudiants ouvriers. Le *Labour College* dut sa création à l'idée que l'enseignement du Ruskin College était dirigé dans un sens opposé au mouvement ouvrier révolutionnaire. Il est entretenu par des Trade-Unions, des sociétés coopératives et socialistes et autres groupes avancés. Le *Labour College* a pour base de son enseignement « la reconnaissance de l'antagonisme des intérêts du capital et du travail ».

(2) Il est à craindre que, depuis les élections de 1918, la doctrine

Passant aux causes temporaires ou spéciales de l'effervescence qui règne dans les milieux ouvriers, les rapports énumèrent les suivantes : la cherté de la vie et les spéculations des profiteurs ; l'insuffisance et l'état déplorable des logements ouvriers ; le fait que les salaires sont frappés de l'impôt sur le revenu (il a été reconnu officiellement que les mineurs préfèrent gagner moins et ne pas dépasser un certain gain par semaine plutôt que d'acquitter l'impôt) (1) ; l'opposition faite par les employeurs à l'intervention des délégués d'ateliers (*shop stewards*) (2) pour régler les querelles ; enfin, du côté des employeurs et du côté des employés, on se plaint de l'inexécution des engagements pris.

Il y a, en outre, les causes de malaise dues à la guerre même. Ce sont : l'incapacité, les contradictions des ministères et des administrations gouvernementales et leurs lenteurs, ainsi que l'inexécution de leurs promesses ; les lois militaires et encore plus la manière de les appliquer ; les lois sur les ateliers de munitions ; les mesures prohibitives relatives à la consommation de la bière ; l'introduction de manœuvres et de femmes dans les ateliers, et pour finir, le surmenage.

---

de l'action industrielle n'ait reçu beaucoup d'encouragement. Le *Labour Party* ne compte au Parlement que 60 membres environ, et proportionnellement à son importance numérique, il devrait en avoir trois fois autant. Son infériorité à la Chambre n'est pas compensée par une direction habile ; et le sentiment de l'impuissance parlementaire de leurs représentants, pousse les ouvriers à voir dans la grève le seul moyen — en tout cas le plus rapide et le plus efficace — d'obtenir les réformes ouvrières, sociales et politiques qu'ils réclament. La tentation d'y recourir est grande. On voit les mineurs mettre le pays devant ces deux alternatives : la nationalisation ou la grève ; et la Triple Alliance voulait tout récemment recourir à la grève pour forcer le gouvernement à abolir le service obligatoire et à renoncer à toute intervention en Russie. On voit par là combien dans l'attitude et l'activité du *Labour Party* anglais la politique et les questions industrielles sont mêlées, ainsi qu'il a été dit au début de ces notes.

(1) Tout récemment même il y a eu une grève de plusieurs milliers de mineurs gallois pour faire mettre en liberté deux de leurs camarades mis en prison pour non-payement de l'impôt sur le revenu.

(2) Sur ce point les Trade-Unions sont d'accord avec les employeurs, parce que l'influence des *shop stewards* affaiblit l'autorité des Trande-Unions.

Le malaise constaté et ses causes reconnues, quel est le remède ? Les commissaires qui ont fait l'enquête disent que, d'une façon générale, il est nécessaire d'assurer à l'ouvrier « une part équitable du produit de son travail » et « une juste participation à l'établissement des conditions de l'industrie. Les ouvriers estiment qu'ils doivent être traités en hommes ».

On doit dire aussi que les rapports des commissaires semblent indiquer que, les révolutionnaires à part, les ouvriers anglais ont été si mécontents de l'intervention, de l'ingérence de l'Etat dans le commerce et l'industrie qu'ils considèrent l'établissement de meilleures relations entre employeurs et employés comme devant conduire au règlement satisfaisant des querelles qui peuvent surgir entre les uns et les autres.

Si l'on ne lit que les livres, les brochures, les publications périodiques des écrivains qui se sont donné pour mission de représenter les opinions, les désirs, les aspirations des ouvriers, on emporte certainement de cette lecture l'impression que la situation n'est pas seulement sérieuse ou grave, mais qu'elle est désespérée. Il faut se rappeler toutefois que ces écrits sont, en général, l'œuvre d'intellectuels, qui ne sont pas des ouvriers, mais des politiciens ou de ces jeunes et ardents ouvriers du collège Ruskin et du *Labour College*.

Derrière eux, il y a la masse des trade-unionistes et des travailleurs, gens modérés, qui ne demandent pas une révolution violente, mais une révolution pacifique, qui donnera aux ouvriers une situation sociale et matérielle meilleure, leur procurera la triple satisfaction d'être mieux traités, de ne pas être considérés comme des machines, mais comme des collaborateurs, et d'avoir une part plus large de la richesse qu'ils contribuent à produire et le droit de participer aux conditions dans lesquelles seront conduites les industries auxquelles ils appartiennent.

Il y a 20 ou 25 ans, un des lieutenants de M. Gladstone (1) disait : « Nous sommes tous socialistes main-

(1) Sir William Harcourt.

tenant ». Incontestablement les ouvriers anglais sont tous aujourd'hui animés d'opinions et de principes que les hommes de la génération précédente eussent considérés comme subversifs de tout ordre social. C'est l'effet du temps et de la guerre qui, l'on n'en peut douter, a donné aux idées une tournure et une impulsion nouvelles et a hâté l'éclosion de réformes qui jadis eussent demandé de longues années d'étude et de discussion.

Si la masse des travailleurs est d'opinions avancées, socialistes même, elle n'est pas révolutionnaire, et l'élément révolutionnaire n'en forme qu'une minorité dont, cependant, il est impossible d'évaluer avec précision la force relative et le nombre. Mais quelle que soit la proportion de cette minorité, il est certain que le moyen le plus sûr de l'augmenter et de la transformer en majorité serait de fermer les oreilles et les yeux, de répondre aux revendications ouvrières par une attitude intransigeante et peu sympathique et de vouloir revenir à un état de choses qui ne peut pas plus être ramené que les rivières ne peuvent remonter à leurs sources. C'est ce qui donne tant de force à cette opinion, partagée par les éléments les plus sains et les plus raisonnables des employeurs et des employés que la seule chance de reconstitution pour l'industrie, le commerce et le peuple britanniques consiste dans la réconciliation et la conciliation, dans la coopération cordiale, sans arrière-pensée, des employeurs et des employés. En dehors de cela il ne peut y avoir que confusion, chaos et ruine. Et la première chose à faire, c'est de ramener la confiance entre le Capital et le Travail qui en étaient arrivés à se considérer comme des antagonistes qui doivent nécessairement se trouver toujours et quand même en conflit. Pendant trop longtemps on a vécu dans une atmosphère de méfiance, et cela a permis à certains esprits d'entretenir la passion et la haine de classe.

Il ne faut pas, d'autre part, se faire d'illusions sur les sentiments des ouvriers et sur leurs ambitions. S'il est une chose certaine, c'est qu'ils n'accepteront jamais le retour aux conditions économiques et sociales qui existaient avant la guerre, qu'ils demandent leur émancipation sociale, un minimum de bien-être moral et physique auquel ils n'ont pas atteint, jusqu'ici et des facilités plus grandes d'instruction, de loisir, de récréation qu'auparavant. Tout cela ils le demandent, impérieusement même, et déclarent que l'on peut y arriver par une législation sage, généreuse, tolérante et, en un mot, humaine.

Tout cela n'est pas irréalisable, répondent les employeurs, mais à la condition que tout en insistant sur leurs revendications justifiées, les ouvriers reconnaissent leurs devoirs envers l'Etat, envers le pays, envers les employeurs, et se rendent compte des lois économiques auxquelles les individus comme les Etats sont soumis, de la manière dont elles réagissent sur la prospérité nationale et individuelle, et que la première condition de cette prospérité, c'est la coopération de tous, employeurs et employés. On en revient toujours là.

Depuis la guerre on en a acquis plus que jamais la conviction, et l'on a fait mieux que d'en parler, on a formulé divers projets dont le plus important et le plus pratique, jusqu'au commencement de 1919, fut celui du rapport de la commission Whitley qui, en 1917, proposa, pour l'établissement de bonnes relations entre patrons et ouvriers, la création de Conseils industriels mixtes permanents (*Joint Standing Industrial Councils*). Il serait donc établi des conseils permanents nationaux, puis des Conseils régionaux de représentants des Trade-Unions et des Associations d'employeurs ; et enfin des Conseils d'ateliers composés de représentants de la direction et des ouvriers.

Les « Conseils Whitley » ont été en somme bien accueillis, malgré les réserves des employeurs, qui ont trouvé qu'ils allaient trop loin, et des Trade-Unions qui craignent de voir leur autorité affaiblie et sont jalouses de voir créer, en dehors d'elles, un système de règlements des différends ouvriers. Le gouvernement a adopté le principe des Conseils Whitley dans certains de ses ateliers et de ses administrations, et l'expérience paraît, jusqu'ici, devoir continuer.

Mais le plus grand pas dans la voie de la coopération des employeurs et des employés fut fait au commencement de l'année 1919, lorsque, le 27 février, se réunit à Westminster une Conférence industrielle nationale d'employeurs et d'employés, convoquée par le gouvernement pour étudier la question du malaise industriel et des relations entre le Capital et le Travail. Huit cents délégués représentant de nombreux intérêts industriels et ouvriers étaient présents, et M. Lloyd George et plusieurs ministres y assistèrent. Le premier ministre, vers la fin de la réunion, passa en revue les causes temporaires et permanentes du malaise industriel, dit que la crainte seule de différends ouvriers suffisait à empêcher la reprise de l'activité du pays et que la première condition de la prospérité nationale consiste dans le rétablissement de la confiance parmi les ouvriers et les employeurs. Il faut, dit-il, dissiper cette atmosphère de suspicion, afin que le négociant puisse avoir une base solide où se tenir et le travailleur ait lui aussi, quelque chose sur quoi il puisse se fier. Puis il conseilla aux employeurs de se montrer plus ouverts envers les ouvriers et rappela à ceux-ci que leur bien-être dépend d'une productivité croissante. « Unissez-vous », leur dit-il en conclusion.

A la suite de ce discours il fut adopté la résolution suivante, proposée par M. Henderson, ancien membre travailliste du Cabinet de guerre :

« La Conférence, étant d'opinion que toute dislocation évitable de l'industrie est toujours à déplorer et, dans la période actuelle et critique de reconstitution, peut être désastreuse pour les intérêts de la nation, et estimant qu'il faut faire tous les efforts possibles pour mettre fin aux griefs légitimes et encourager l'harmonie et le bon vouloir, décide de nommer un Comité mixte, comprenant un nombre égal d'employeurs et d'employés, hommes et femmes, et un président désigné par le gouvernement, à l'effet de faire une étude et un rapport à soumettre à un second meeting de la Conférence sur les causes du malaise actuel et les mesures nécessaires pour sauvegarder et seconder les intérêts des employeurs, des ouvriers et de l'Etat, et plus particulièrement d'examiner : 1° les questions relatives aux heures, salaires et conditions générales du travail ; 2° le chômage et les moyens de le prévenir ; et 3° la meilleure méthode d'encourager la coopération du Capital et du Travail. »

Il fut ensuite procédé à l'élection du Comité mixte, lequel, le 27 mars, publia son rapport, très important et très intéressant, mais qui ne saurait être reproduit ici et qui arrive, entre autres, aux conclusions suivantes :

Etablissement d'un Conseil industriel national permanent de 400 représentants des employeurs et des Trade-Unions qui conseillerait le gouvernement sur les questions industrielles ;

Institution de la journée de huit heures, avec certaines exceptions nécessaires ;

Etablissement d'un taux minimum national des salaires ;

Payement spécial de tout travail supplémentaire ;

Reconnaissance dans les négociations industrielles des Trade-Unions et des Associations d'employeurs ;

L'indemnité de chômage devrait être plus proportionnée aux circonstances et s'étendre à l'insuffisance de travail ;

Les retraites de la vieillesse et les indemnités de maladie devraient être plus généreuses.

Dès le 1er mai le gouvernement acceptait en principe l'institution de la journée de huit heures et l'établissement d'un taux minimum de salaires pour tous les métiers. Des projets de loi pour donner effet aux décisions du gouvernement ont été préparés par le ministère du Travail et approuvés par le Comité mixte. Celui-ci va maintenant s'occuper de la création du Conseil industriel national permanent. Les associations d'employeurs et les Trade-Unions choisiront, les unes et les autres, leurs représentants comme elles l'entendront.

Cela étant, n'est-on pas en droit d'espérer qu'avec la création de ce parlement industriel, la coopération des ouvriers et patrons est en bonne voie de réalisation ? Ne peut-on voir, dans la participation des employeurs et des employés à la Conférence nationale du 27 février, puis dans la nomination du Comité mixte et dans les travaux de ce comité, dans son accord avec le gouvernement par l'intermédiaire du ministère du Travail, des symptômes favorables à l'établissement de la coopération réciproque que M Lloyd George déclarait à la Conférence être la première condition de la prospérité de la Grande-Bretagne ? Après la réaction naturelle, à la suite de quatre ans d'épreuves sans précédent, de sacrifices communs subis par toutes les classes du peuple britannique avec une égale fortitude et un égal patriotisme, le bon sens, le calme, la concorde ne vont-ils pas reprendre le dessus, les esprits s'apaiser et tous les citoyens concourir à l'œuvre commune de la reconstitution du pays et du rétablissement de sa prospérité ?

C'est l'opinion de beaucoup de gens et parmi les industriels et parmi les Trade-Unionistes ; c'est l'opinion du roi Georges qui, le 20 mai, à Sheffield, s'adressant aux ouvriers d'un grand établissement métallurgique, rappelait les problèmes à résoudre et s'exprimait ainsi :

« La solution de ces problèmes, l'accomplissement intégral de ces objets dépendent du maintien de cet esprit d'unité qui a animé notre effort national et ne nous a jamais fait défaut à l'heure de la plus sombre épreuve. Cette unité n'exista pas seulement entre l'armée en campagne et les travailleurs au pays ; elle fut plus large et plus générale. La richesse et le travail combattirent côte à côte dans la même tranchée. Dans tous les rangs on fit preuve de bravoure et d'abnégation. Toutes les classes, toutes les conditions, toutes les industries ont subi des pertes. Je ne veux pas croire que l'amitié et l'entente réciproque nouvelles que l'étroit contact de la guerre a fait naître nous fassent défaut au milieu des difficultés de la reconstitution. J'aime à croire, au contraire, que le pays sortira de la guerre, avec toutes les souffrances et les sacrifices qui l'ont accompagnée, fortifié et plus étroitement uni dans ses aspirations vers un idéal plus élevé de civilisation et de progrès. »

Que pourrait-on ajouter à ces nobles et sages paroles ?

PAUL VILLARS

Paris. — Société française d'Imprimerie (L. Cadot, directeur),
12, rue de la Grange-Batelière.